ロシア人プロ伴奏ピアニスト
が明かす

「伴奏ピアノ術」
の極意

Yulia Lev

ユリヤ・レヴ 著

小賀 明子訳

アーバンプロ出版センター

はじめに

　ピアノを生涯の職業に選んだ私は、これまでずっと、伴奏と室内楽の世界で生きてきました。生涯マリインスキー劇場で伴奏者としてピアノを弾いていた母。チェロ奏者だった父は、私に幼い頃から室内楽に親しむきっかけを与えてくれました。そんな二人を両親に持った私は、迷うことなく、伴奏ピアノの道へ進みました。

　音楽院で、名教授、ソフィア・ワクマン先生のもとで研鑽を積むことができたことも、私にとっては大きな財産となりました。4年間続いた毎週のレッスン。私は実に多くのことを知り、学び、卒業する頃には大きなレパートリーを持ち、自分の伴奏スタイルを身につけることができました。素晴らしい先生と音楽教育に恵まれた、と運命に感謝しています。

　2001年に日本へ移り住み、気づいたことは、日本の若手ピアニストにとって、伴奏芸術を習得する機会が決して多くはない、ということです。伴奏の授業がある音楽大学も、限られています。数多くのピアノ奏者が、この分野の奥深さを知らないまま、自分の「勘」を頼りに伴奏をしている、と感じるようになりました。それは「プロフェッショナルな伴奏」とは呼べず、ただ「一緒に演奏する」にとどまるのでは、と私は思うのです。

　残念ながら、ピアノ伴奏は、まだまだ個別の分野としては充分に理解されていない印象があります。しかし実際には、多くのピアニストが、「伴奏」を音楽活動の主軸としています。私は、伴奏ピアノという芸術分野にもっともっと注目していただきたいと考えました。特に、若いピアノ奏者の方々に、この世界の奥深さと楽しみを感じていただきたいのです。

　そんな考えから、私は自分がこれまでに恩師や、ロシアで出版された名著などから学んだこと、そしてこれまでの経験や知識をご紹介しようと思い立ちました。3年前、伴奏ピアノの公開レッスンをする機会があり、その準備のために、気づいたことをメモ書きするようになりました。やがて気づくと、お伝えしたいことが実に多く、本著に至った、というわけです。

　伴奏って、なんて面白い！　…この本を読んで、そう感じていただけたら、そして皆様のお役に立てたら、こんなに嬉しいことはありません！

　2020年秋

Yulia Lev
ユリヤ・レヴ

ロシア人プロ伴奏ピアニストが明かす

「伴奏ピアノ術」の極意

CONTENTS

01…伴奏ピアニストとは

■「伴奏ピアニスト」という仕事

伴奏ピアニスト…素晴らしい仕事だと私は思います。

そう、これは「職業」です。ベートーベンのソナタや、ショパン、リストのエチュードが弾きこなせれば、歌の伴奏なんて簡単なもの…暗譜する必要もないし！ と思いがちなピアノ弾きの皆さんも、少なくないのでは？

それは、大きな勘違いです。ただ単に“合わせて弾く”ことは可能であっても、それだけではプロの、一流の伴奏者とは言えません。特殊な技量と経験を必要とする「伴奏術」は、学びと実践を積み重ねてこそ成り立ちます。

ピアノの音色だけではなく、ピアノと他の楽器や歌声が溶け合うことで生まれるハーモニーに魅了され、あえて伴奏者としての道を選ぶ──そんなピアニストなら、素晴らしい伴奏者になれる資質があります。

音をただ合わせるだけではなく、共演者のフィーリング、感じ方、細やかなニュアンスにも寄り添わねばなりません。それができたとき、私たち伴奏者は大きな喜びを感じます。ピアノの音色、歌手の声、楽器の音に程よく寄り添うためには、強弱（ダイナミクス）を細やかに調整し、共演者がのびのびと呼吸できるよう、常に気を配らねばなりません。人の声や弦楽器のような、なめらかでスムーズなレガートを、ピアノで表さねばなりません。

伴奏の良し悪しや向き不向きは、持って生まれた才能や性格による部分が大きいかもしれません。伴奏には、感受性や機転、辛抱強さ、意志の強さ、俊敏性、予期せぬ展開への対応性などが求められます。

ピアノ奏者の中には、ステージ上で楽譜は邪魔と感じる人もいれば、一人での演奏はつまらない、物足りない、アンサンブル演奏にこそ心地よさを感じる、という人もいるでしょう。ピアノを習う子供たちの中にも、すばらしい「耳」を持っているのに暗譜がどうしても苦手な子もいれば、ソロではまあまあのレベルなのに、伴奏をしてみたら別人のように生き生きと“開花した”、ということもあります。それぞれが自分の可能性を探りながら、進む方向を見つけていくのです。

■「伴奏ピアニスト」という仕事が与えてくれるもの

「伴奏ピアニスト」にはどんなメリットがあるでしょうか?

─共演する楽器の音を注意深く聴きとることで、聴覚が研ぎ澄まされていきます。

─自分の楽譜以外に、共演するソリストの楽譜にも常に注意を向けることで、調整力、適応力が増します。その結果、人生そのものの視野が広がります。

─さまざまな分野の音楽家との共演を通じて、交流が広がり、すばらしい仲間を得ることができます。

─そして、大切なことは…仕事の範囲がぐんと広がります! 伴奏者は、さまざまな楽器奏者、声楽家、合唱団やバレエ団、とたくさんの分野の芸術家に求められるパートナーなのですから。

変化に富んだ面白い充実した生活、音楽人生になること間違いなしです。1717年、フランソワ・クープランは「クラヴサン技法」という論文を発表しました。その中でクープランは、伴奏の技法について、こう述べています。

> 良い伴奏者となることほど大きな魅力はない。良い伴奏者であることほど、他者と近づきになれることはない。良い伴奏者となることほど、自信を高め、他者との距離を縮めるものはなかろう。

「伴奏」は、実に奥深く、学びがいあるピアノの芸術分野なのです!

伴奏技法の誕生は、はるか昔にさかのぼります。歌声に合わせてリュートが演奏される時代が長く続いたあと、バロック時代に入ると、ハープシコードやクラヴサン、チェンバロなどさまざまな鍵盤楽器が登場し、その奏者たちは、必要不可欠な演奏パートナーとなりました。伴奏者は、ただ楽器を弾きこなせるだけでなく、即興の技量も必要とされます。というのも、作曲家は、伴奏パートを、和音のみの「基盤」だけを示すことによって、伴奏者に、多くの自由やファンタジーのための「余白」を残してくれているのですから。

1600年、オペラの登場とともに、声楽芸術が花開きました。アリアの伴奏はより複雑になり、重要性も増しました。18世紀終わりに生まれた鍵盤楽器、「フォルテピアノ」は、主に室内合奏と伴奏のための楽器でした。

ベートーベンの音楽では、伴奏の形象が、より顕著な進歩を遂げ、今にいたっています。当時は、即興音楽家よりも、作曲家のテキストを正確に読み取る奏者が重視されていました。

もっともポピュラーだったのが、和音をベースに変容させる伴奏の形でした。その後、伴奏の形は徐々に発展し、感情や気分を表現し、音の風景を描き、テキストの細やかな意味や主人公の苦悩を再現するようになりました。そして、ロマン派作曲家の作品において、伴奏は、時に主導的な役目すら果たすようになるのです。

　18世紀後半から19世紀初頭にかけて、ロマンスのジャンルが栄え始めます。シューベルトのリートでは、ピアノのパートが曲のイメージ作りの一端を担い、登場人物の心理描写も任されています。シューベルトは、伴奏ピアノを、"脇役"から、"主役"と同等のレベルに引き上げました。そして20世紀になると、室内楽の名手とうたわれた数々のピアニストによって、伴奏芸術は、さらに高みへと上り詰めました。
　カール・フィリップ・エマニュエル・バッハは著書「クラヴィコードの正しい奏法についての試論」の「伴奏における注意点」の項で、次のように書いています。

　良い伴奏者を特筆する際に、最も頻繁に耳にするのが、"機転が利く伴奏"という定義である。この表現には、実にさまざまな意味が込められている。つまりこういうことだ。
　――良い伴奏者は、作品をよく理解したうえで、作品の内容や性格、共演者の編成などに応じて、演奏を自由に組み立てることができる。そして、主要パートの解釈に寄り添い、共演楽器や声の特質、演奏する場所の広さ、聴衆の数にも対応できる。
　出しゃばることなく、あくまで謙虚に、伴奏する共演者が望む成果を引き出す最大限の努力をする。もし仮に、伴奏者の芸術的技量がソリストより優位であったとしても、控えめであり続けることは必須だ。共演者を主役へと導き、決して自分が上に立ってはならない。伴奏者は、作曲家と演奏者双方の意向を汲み取り、それを支持し、深めなければならない。作品の内容に応じて、共演者との共通の課題と、伴奏者自身の課題を、瞬時に把握し工夫を凝らす。ただし、共演者のイニシアチブの妨げとならぬよう、注意深い丁寧な対応が必要だ。自分の技量を、ここぞとばかりに誇示するのではなく、必要最低限の場面で、ほどほどに示すことが好ましい。伴奏が、「博識」を披露する場となってはならない。あくまでも伴奏であり、主導的立場にはないことを忘れずに。良い伴奏は、作品に新たな息吹を与えるが、逆に、下手な伴奏のせいで、すばらしい演奏が台無しになってしまうこともある。演奏者の芸術的アイデアや解釈が（下手な伴奏により）歪んでしまい、緊張の糸が切れ、調子が崩れてしまうことすらあるのだ。簡潔に言うと、感受性豊かな伴奏術は、理性と良心に一貫された音楽の心が必要不可欠なのである。

■伴奏とは…？　伴奏者に求められる資質は？

「伴奏」という言葉から、どのようなイメージを抱かれるでしょう？
　言葉自体の意味は、「同伴する」「手伝う」。日本語では、「伴に奏でる」「お供の演奏」——漢字が示す通りです。

　私たちの人生においては、どんなパートナーが好ましいでしょうか？　いつもそばに、ちょっと後ろに控えていて、でもほどほどの距離感を保ちつつ…。相手の願望や癖を熟知し、気持ちを酌みとり、時には前へ出て手を差しのばし、進むべき道を示してくれる…わざとらしくなく、押しつけがましくもなく。そして、ただそこにいるだけではなく、常に周りにアンテナを張り、状況を把握し、行動する…。それが素晴らしいパートナー像ですね。伴奏者に求められるのも、まさにそういうこと。目立つ存在ではないけれど、その人抜きでは成り立たない！　かけがえのない「味方」です。

　伴奏者に求められるのは、機転、柔軟性。芸術的論理に基づき、時には指揮者のようにソリストを引っ張り、導く力量。揺るがぬリズム感や、多彩で豊かなピアノの音色も求められます。それから、伴奏は、とてつもないエネルギーを要します。エネルギーと言っても、それは大きな音、速いスピード、ということではなく、パートナーシップと責任を常時意識しながら全力で演奏に参加する力、という意味です。

　遅れてあたふたとついていく伴奏や、ソリストの邪魔になるまいと、音量を極端に落とす弱々しい伴奏は、かえって演奏の妨げとなります。頼りにならないのなら、無伴奏の方がまし、なんて思われたくはありません。そうならぬためには、どうしたらよいか…それは個人の裁量次第です。
　ロシアの名伴奏者であったエヴゲーニー・.シェンデローヴィチは、著書で次のように述べています。
　　　室内合奏の経験豊かな伴奏者なら、ソリストも安心して演奏に集中できる。伴奏者に
　　求められる資質の中で、「共演しやすい」とソリストに思ってもらえることは、最も基本
　　的な条件なのだ。「あなたとなら歌い（演奏）しやすい！　まるで何度もリハーサルを積み
　　重ねてきたようだ」というソリストの言葉ほど、価値あるものはなかろう。ソリストの
　　そのような言葉は、伴奏者冥利に尽きる何よりの誉め言葉である。共演者と息を合わせ、
　　従い、予見、予感する…それは経験を重ねると次第に身につくものだ。

名手ヨゼフ・ホフマンは「あなたが共演するソリストの考えを読みなさい、そのような予知力こそが、伴奏者の心得、となるのだから」と書いた。「共演しやすさ」は必須条件にほかならない。そのうえで目指すべき目標は、ともに音楽を綴るという意識、理想的なアンサンブルと感情の同調、そして鮮やかにプログラムを演奏しきる意欲である。ソリストと伴奏者は、切っても切り離せぬ「一心同体」であるべき。良いアンサンブルとは、ソリストと伴奏者双方の芸術的考えが一つになり、しかも各々が、自分の果たすべき役割を理解し、共通の作品解釈として表現していくことなのだから。

　良い伴奏者になるためには、誰かと共に音楽を創るプロセスを愛し、そこに醍醐味を感じ、歌声や楽器とピアノが紡ぎだすハーモニーに喜びを見出せねばならない。自我を抑え、時には妥協し、時には自分の意見を共演者に納得させることも必要になる。

　一人ではなく、誰かと共に音楽を奏でる喜び。そして"二番手"になれる裁量がもとめられるのだ。(E. シェンデローヴィチ　『伴奏クラス』)

　共に音楽を創りだす共演者の間には、いかなる壁もあり得ません。遠慮は禁物、年の差や社会的立場なども、関係ありません。みんな同じ生身の人間。そして音楽は、規則の枠に縛られる自然科学とは違います。間違えることは誰にもありますし、作品の解釈は、人それぞれです。リハーサルで議論を重ね、それぞれの提案や意見をすり合わせるプロセスを経て、「共演」が生まれるのです。

　伴奏者の仕事で特に大切なのは、プロとしての美学でしょう。リハーサル中には議論や、曲の解釈、テンポの揺れ、ダイナミクスの試奏は許されますが、それをステージでの本番に持ち越してはなりません。一度ステージに立てば、伴奏者はあくまでもソリストに従わねばなりません。もし、あらかじめリハーサルで決めた手順や解釈からそれてしまう場合でも。反省や話し合いは、本番の後で。

『ステージでは、ソリストが絶対的に正しい。優れた伴奏者は、想像以上に、ソリストを救うのである』と、イギリスの偉大な伴奏ピアニスト、ジェラルド・ムーアも、著書で述べています。

　ところで、ムーアが述べる"救う"ケースは、実際にあることです。似通ったエピソードやフレーズが幾度となく繰り返され、毎回"入り方"が微妙に違う作品(たとえば、スカルラッティのすみれ A.Scarlatti Le violette)。ソリストは、入るタイミングを間違わないか、不安がつきものですし、間違えてしまうこともあるのです。

このような場合、伴奏者は、歌手を簡単にサポートすることができます。ピアノパートを、平たんにそろえて弾き、ソリストに歌い始める余地を与えない、歌い始めようという気持ちを起こさせないようにします。そして必要な箇所に来たら、ほんのわずかなサインとなるアウフタクトを送ります。ソリストの背中を押して促す感じです。そうすれば、歌手は自然に歌い始めます。聴衆には、その絶妙なシグナルはわかりません。でも、ソリストは、伴奏者から示される合図を感じ、ステージで落ち着き、自信を持ち続けられます。

　伴奏者として忘れてならないのは、相手あっての職業であること。レパートリーやプログラムのための作品選びや、リハーサルのスケジュール、そして何より、舞台上で。
　伴奏者は、出しゃばったり目立ってはなりません。いつ何時も、ソリストの考えに寄り沿い、従わねばなりません。ソリストの解釈に納得できない場合でも、自分の考えの押しつけはご法度です。そのような場合は、柔軟に、そして賢く、振る舞いましょう。一体感を作ることが、伴奏者の最も大切な資質です。それがイメージ損失になることはありません。逆に、作品を一つにまとめるうえで、伴奏者が自分の役目をきちんとわきまえている、という証になります。
　たとえ、共演するソリストが、芸術的レベルで自分より"弱い"と感じても、有能な伴奏者は自分の技量をひけらかしたりはせず、"弱い"共演者のミスや欠点を上手にカバーしなければなりません。

　むろん、難しい要素は少なからずあります。一番肝心なことは、レパートリー選びでしょう。伴奏する作品の中には、あまり好きになれなかったり、自分のスタイルではなかったり、心に響かない、という曲も時にはあるでしょう。どうしても気持ちが乗らない、極端に言うと、つまらない、ということも。そんな時は、指も進みません。でも、いったん伴奏を引き受け、楽譜を手にした以上は、どんな作品にも、必ず、キラリと光る魅力があるはず、と意識を変えて臨みたいですね。たとえば、短くても表現たっぷりの小さなピアノソロや、ちょっと変わったハーモニーの展開、美しい伴奏の旋律…。メロディーの主旋律を歌ってみることもよいでしょう。主旋律と合わさることで、伴奏がガラリと違う色を帯びてくることもあります。そんな魅力を、見つけ出してください！ 音楽に、"とっておき"を見出せたら、もっともっと面白味も増し、夢中になれるはずです。

　一方、演奏会の中には、伴奏の無力さを感じ、悲しく悔しくなることも、残念ながらあります。ソリストのミス乱発に振り回され、伴奏もあたふたしてしまう…。ソリストの演奏がパッとしないため、自分の感情を抑えた伴奏にしなければならない…。ソリストの準備不足…。

　自分に非がない不できな本番のことは、スパッと忘れましょう。あるいは、考え方を真逆にして、下手な伴奏もソリストに同じような気持ちを抱かせ、思い出すだけで顔が真っ赤になる最悪のコンサートにしてしまうこともあると、自分に言い聞かせる機会にもなりますね。下手な伴奏のせいで、ソリストは実力を発揮できなかった…伴奏のテンポが緩すぎたため、ワンフレーズで歌えず余計なブレスを入れることになった…または、伴奏が走り過ぎて、細かい音がひとつながりにくっついてしまった…などなどです。

　間違いは、誰にでもあります。肝心なのは、間違いを、将来へつなげる教訓にできるか否か、ということです。プロの伴奏者として仕事をしていく中で、音楽の感じ方や気持ちの込め方が一致し、プログラムを共に創り上げ、新曲にも果敢に取り組みたい、と思わせてくれる音楽パートナーとの出会いは、人生の大きな贈り物です！

■ソロと伴奏の違い

　伴奏ピアノとソロ・ピアノの違いは何でしょうか？
　まず何よりも、ピアノの譜面の上にある、ソリストの譜表の存在です。二重唱や三重唱曲の場合は、さらに譜表が重なってきます。伴奏ピアニストは、常にそれら「上に書かれた」ソリストパートの譜面にも目を向け、耳を傾けなければなりません。もちろん、一人での練習やソリストとの合わせを通して、旋律の流れは自然に覚えますが、最初の譜読みの時から、伴奏者は「3行」（以上）の譜表に目を通さねばなりません。ソロのパートを見て、聞いて、常に頭に置いておくようにしましょう。

　伴奏ピアノのパートを分析すると、3つの要素で成り立っていることがわかります。

　　　―序奏、間奏、後奏など、伴奏ピアノのソロ部分
　　　―ソリストのリズムやハーモニーを支える、伴奏そのものの部分
　　　―ソリストパートとピアノパートが互いを補うように絡み合う、ソロと同等な部分

　つまり、伴奏ピアニストは、ソリスト、アンサンブル奏者、そして伴奏者、と3つの顔を持つのです。ですから、自分のピアノパートだけではなく、ソリストのパートも熟知していなければなりません。そのため、練習の際には、次のような手順が必要になります。
　1．自分のパートを自由に弾けるようになるまで、完璧に覚え込む。

2．ソリストのパートを弾いてみる。それが、思った以上に難しいことがわかります。とりわけ、歌詞が入る歌の伴奏の場合、ピアニストにとっては不慣れな音型が出てくるため、小節の拍を数えにくくなることがあります。特に、オペラのレチタテイーヴォがそうです。さらに、歌の場合は、長い音が、歌詞の音節によって分断されることから、同じ音を繰り返して発声することがあります。ピアノで細かい音を続けて弾く時は、一つの大きなフレーズでまとめるように軽くします。さもないと、メロディーが重たくぎこちない感じになってしまいます。正しいテンポとフレージングを即座にとらえて弾くためには、「職人の目」が必要です。旋律の流れをはっきり見極めるために、細かい音を拍でまとめて考えるのも良い方法でしょう。

　3．ピアノパートを弾きながら、ソリストを思い浮かべ、そのパートを頭の中で歌ってみる。

　4．伴奏しながら、声に出してソロパートを歌ってみる。

　5．3つの譜表すべてを合わせて弾けるようにする。そのためには、ソロパートをシンプルなハーモニーの形で伴奏してみる。

　伴奏を学ぶ上で、このような段階的な練習は、特に初期に必須です。経験を積み重ねるにつれて、このようなプロセスも身についてくるはず。さほど時間と労力を要さず、自然にできるようになるでしょう。

　ピアノ伴奏のパートがいたってシンプルな作品もあります。ソナタやエチュードと比べて、技術的に初歩的なものも。そんな時、練習がラク、とちょっと得をした気分になることもありますが、実はそういう曲に限って、ソリストパートがヴィルトゥオーゾな難曲で、伴奏者にも応用力が求められることが多々あります。伴奏者は、あらゆる細部を熟知していなければ、柔軟に対応しながらソリストを巧みにサポートすることはできません。だからこそ、伴奏譜を見ながら、自分でソリストパートを歌ってみる必要があるわけです。この練習には、時間を要します。しかし、自分で自分に伴奏できるまで曲を弾き込んでおく、知り尽くしておくことで、ソリストと合わせる時に、テンポの揺れやダイナミクスの変化にも、きっちりとついていくことができるはずです。ソリストの気分や本意を敏感に感じ取り受け入れねばなりません。それこそが、「合奏（アンサンブル）」の基本です。伴奏者は、ソリストがフレーズを作りやすいよう気配りし、音楽の流れを崩さない自然なブレスのタイミングを考え、クライマックスでは、音楽を一緒に盛り上げます。パッセージの高揚をしっかりと意識しながら、和音のボリュームでメリハリをつけます。ソリストの音を聞いてから考えていては、遅れて後ろからついていくことになってしまいます。特に、ソリストが微妙にリズムを変えそうなときには、"内なる耳"でテンポの変化を予想し、心の準備をしておくことで、ソリストがどのようなリズムをとっても動じることはありません。

　自分の伴奏に自信を持ちましょう。怖れぬこと、臆病にならないこと、そして予防線を張って自分が先にテンポを落としたりしないこと…まるで聞き手に「さあ、間もなくテンポがゆっくりになりますよ！」と言わんばかりに。それをしてしまうと、テンポが輪をかけてゆっくりになってしまい、作品の形式がばらばらに崩れて、聞くに堪えない演奏になりかねません。

　リズムの変化に伴奏が柔軟に対応するための条件は、「心の準備」と「バランスをとること」です。とりわけ歌との共演の場合、歌い手が音の間隔を広げるそぶりを見せたら、伴奏もそれ

に合わせて拍間を広げます。たとえば、細かい 16 分音符の間隔を少し広くするときには、「間」以外にもイントネーションで表現をつけたり、メロディーを心持ち強調することで、フェルマータや長く延びる音の隙間を埋め、音楽を次へとつなげていきます。声楽のフェルマータの場合、伴奏は、まず、わずかにテンポを速めてから、じっと立ち止まってソリストを待ちます。大きくそそり立った大波が、その後一気に押し寄せるイメージでしょうか。

　おなじみの作品、ロッシーニのオペラ「セヴィリアの理髪師（Il Barbiere di Siviglia）」より、ロジーナのカヴァティナ「Una voce poco fa…」を例に見てみましょう。
　ピアノ伴奏の 8 分音符は、動きをそろえて拍を正確に刻みます。一方、声楽パートは、細かい音や、装飾音、挿入カデンツァが満載です。それをしっかり頭に入れておくと、伴奏の 8 分音符はとても自然に響いてきます。予期せぬ音楽の動きがあっても、思わずブレーキをかけてはなりません。ソリストは、難しい曲をヴィルトゥオーゾに、のびのびと歌い上げることができるでしょう。声楽家は、生身の人間です。声の調子もその時々で違います。風邪気味かもしれないし、体調が万全ではないかもしれない。疲れていたり、イライラしていたり…。ソリストは、その時々の自分の状態に合わせて歌います。ですから、テンポが変わることもあれば、自由に歌う時、あるいは逆に、窮屈そうに歌っている、と感じることもあるでしょう。リハーサルで打ち合わせていたブレスの場所が変わるかもしれません。伴奏ピアニストと息が合わず、伴奏が、ただソロの後追いとなってしまったら…伴奏が足を引っ張り、ピアニストは頼れるパートナーどころか、文字通り、足手まといになってしまいます。

　ソリストも間違えることはあります。そんな時、伴奏者は瞬時に状況を把握して、数小節「先へ飛ばして」音楽を前に進めるか、逆にソリストが歌い出しのタイミングを逃してしまった時には、数小節分を繰り返し弾いて補い、音楽を「戻す」こともあります。ソリストがうっかりメロディーを忘れてしまったり、間違えてあらぬ方向へと外れていってしまうこともありますね。特に、似通ったエピソードが繰り返される作品の時など。このような場合、ピアニストは、丁寧にソロパートを弾きなぞり、聴衆がわからぬように、そっと、ソリストを元の軌道へと導かねばなりません。そのようなアクシデントにいつでも対処できるよう、ピアノパートに加えて、ソロパートをも、しっかり覚え込んでおかねばならないのです。ソロパートを隅々まで熟知していれば、そして伴奏しながら目と耳でソロパートも追えてさえいれば、どんな事態にもまごつくことはありません。伴奏ピアニストは、自分だけの世界に閉じこもってはだめです！ソロと伴奏は、「一心同体」なのです！
　別の例を見てみましょう。モンティの「チャルダッシュ」（Monti, Czardas）。ピアノ伴奏が、

曲のハーモニーとリズムを支える伴奏の、典型的な例です。ピアニストはこの伴奏部分を、おそらく一回通すだけで、一通りは弾けるはず、難しいことは何もない…と思うかもしれません。しかしこの作品の魅力は、自由ではつらつとした雰囲気、そして狂おしいテンポです。共演するヴァイオリン奏者にとっては、伴奏が頼みの綱です。伴奏ピアニストは、ヴァイオリン奏者がリズムの枠からはみ出ないように手綱を締めながらも、ソリストがのびのびと演奏できるようにしなければなりません。

　このような作品の場合、伴奏者は、ソリストの意思に従いながらも、指揮者のようにリズムをしっかりと守らなければなりません。あやふやな伴奏は、演奏を台無しにしてしまいます。そうならないためにも、前述のように、ピアニストは、やはり、ヴァイオリンパートを、テンポの揺れも考慮に入れながら、自分で伴奏して歌ってみることが大切です。もちろん、ヴァイオリンパートをそのまま声に出して歌うことは不可能です。リズムの感じや細かい音の動きを追うだけでよいのです。心の中で歌うのではなく、実際に声に出してみましょう。ソリストと伴奏の、一人二役です。ソロパートを意識しながら伴奏する感じがつかめれば、ピアノパートもきっと面白みが増すはずです。ソリストに従いながら、動きやリズム、ハーモニーの音色を示し、"ソリストを操る"醍醐味です。たとえヴァイオリンが物足りなくても、すばらしい伴奏が加わることで、チャルダッシュはより一層、輝きを増すのです！

　さらに同様の伴奏例として、サン＝サーンスのヴァイオリン曲「ロンド・カプリチョーゾ」（Saint-Saens, Introduction et rondo capriccioso）の最後のエピソード、アルディティの「くちづけ」（Arditi, Il bacio）、サラサーテの「ツィゴイネルワイゼン」（Sarasate, Zigeunerweisen）、タファネルの「フルートのための幻想曲」（Taffanel, Grande Fantasie Mignon）の最後のエピソード、などがあります。

02…伴奏の基礎、楽器別伴奏術

　伴奏の基本は、ソリストと常に息を合わせること。とりわけ、「体が楽器」である声楽家との共演で、「阿吽の呼吸」は重要です。呼吸のタイミングをとらえることは、難しくはありません。しかも、声楽家はピアノの胴のくぼみの所に立ちますから、ブレスのタイミングが良く見えます。歌詞は音符に乗っているので、外国語で言葉の意味がわからなくても、楽譜を見れば、息継ぎのタイミングは推測できます。一つの言葉を長く伸ばすときは、間に「‐」が入ります。その間にブレスが入ることはありません。歌詞の合間の句読点は、フレーズの長さを表わします。

　また、言語によって発音も大きく変わります。伴奏ピアニストはすべての言葉を読み追いできるわけではありません。もちろん、歌詞の内容を知る必要はあります。伴奏者にとっては、歌詞より楽譜が目安となります。音楽が、作品の性格やテンポ、望ましい音色などのヒントを与えてくれるのです。

　歌の伴奏の場合、言葉の母音に合わせねばなりません。ドイツ語、ロシア語など母音が多い言語においては、特に注意して、しっかりとリハーサルを積んでおくことが必要です。肝心なのは、タイミングだけではなく、曲の雰囲気やアーティキュレーション、細やかなニュアンスも合わせること。伴奏パートのハーモニーの変化が、言葉の意味を強調し、歌い手の音色を導き出すケースもよくあります。たとえば、シューマンの「献呈」など。

　楽器奏者との共演では、呼吸のタイミングは、また少し異なります。それぞれの楽器の、音の出し方の特性が関係してきます。「呼吸」に焦点を合わせて考えるとき、人の声に最も近い楽器は、管楽器でしょう。管楽器の演奏でも、ブレスのタイミングが大きな意味を持っています。フルート、クラリネット、サクソフォーンなどの楽器は、ブレス後、ほとんどすぐに音が出る楽器。またこれらの楽器は、無から音を出し、細く長いフェードアウトもできます。そしてブレスはとても明確で素速く行われます。

　リードを通して音を出すオーボエ、ファゴット、イングリッシュホルンは、また少し違います。これらの楽器は、リードを通す空気抵抗（レジスタンス）があるため、ブレスの後、ほんの一瞬間をおいて、音が出ます。ぐるぐる巻かれた管を通って音が出てくるフレンチホルンも

同様です。トランペットとトロンボーンは、クリアでまっすぐな音です。トランペットの場合は、作品が弱音や高音で始まる場合、伴奏者には細心の注意が必要になります。

　弦楽器の場合はどうでしょう。いわゆる「息継ぎ」は直接的には関わりありませんが、別の意味での「自然な呼吸」が伴ってきます。アウフタクトで示される弓の動きは、呼吸そのもの。伴奏者は、そこで息を合わせます。音は、アウフタクトのすぐ後に出るのではなく、若干遅れて、つまり弓が弦に触れた時に生じます。伴奏者は、ソリストの音に耳をすますだけではなく、弓の動きも視野に入れ、音の出だしに合わせます。さらに、上げ弓（アップ）、下げ弓（ダウン）によっても、音の出方は違ってきます。アクセント記号がついた最初の音がダウンで始まる場合、音のアタックは、ほんの少し遅くなります。伴奏の和音は、弓と弦が触れる瞬間ではなく、弦が弓で押されてしっかりとした音となるときに合わねばなりません。 2 、3 の子音が続いて始まる単語を発音するイメージですね。伴奏は、単語の中の最初の母音に合わせる感じです。ヴァイオリンからコントラバスと、弦楽器が大きくなるにつれて、音が出るタイミングも遅くなります。作品が、上げ弓（アップ）で始まる場合、音はより柔らかく、静かで優しくなるので、呼吸を感じ、合わせることが重要になってきます。

　例として、シューマンの「アダージオとアレグロ」（R.Schumann, Adagio and Allegro Op70）を見てみましょう。オリジナルはフレンチホルンのための作品ですが、チェロやヴィオラでも演奏されています。ソリストのアウフタクトの合図で、ソロと伴奏が一緒に始まります。出だしは弱音で始まるため、共演する楽器によって、呼吸や音の出るタイミングが異なってきます。

「アレグロ」の方は、最初の和音がピアノ伴奏にありますが、それでもスタートの合図はソリストのアウフタクト、ソリストのブレスのタイミングです。特にフレンチホルンとの共演の時

には、ソリストが息を吸った瞬間に、伴奏者が最初の和音を弾きます。

　チャイコフスキーの「メロディー」（P.Tchaikovsky Melodie）の出だしも同様です。最初の音がピアノパートの左手にあり、ソリストのアウフタクトでタイミングを計ります。弦楽奏者は上げ弓（アップ）で始めます。ソリストが息を吸って弓を弦に乗せる隙間でピアノがスタートする、という感じですね。

　ソリストと伴奏者が同時に演奏を始める例をいくつかご紹介したいと思います。
　グルック作曲、クライスラー編曲の「メロディー」（Gluck-Kreisler, Melodie）。冒頭は弱音。上げ弓（アップ）で、長い音がそっと奏でられます。この場合、ソリストははっきりと明瞭なアウフタクトの合図を出すことはできません。伴奏者は、弓の先の動きを良く見ながら、ソリストが静かに息を吸うタイミングに呼吸を合わせます。そうすれば、テンポも合い、曲の間ずっと続く16分音符の刻み方も計ることができます。多少のメロディーの揺れは、音の柔らかさと2音ずつつながるスラーを守りながら、柔軟に対応しましょう。

さまざまな楽器で演奏されるバッハの「G線上のアリア」の冒頭も、同じことが言えます。最初の音は、ソロと伴奏が同時に出しますが、伴奏パートは、右手が和音、左手は、オーケストラのチェロパートである「ピチカート」です。絶え間なく、ゆっくりと歩みを進めるように。大切なのは、終わりまで一貫したテンポを伴奏者が守り、ソリストをリードしていくことです。

　パガニーニ作曲クライスラー編曲の「プレリュードとアレグロ」の冒頭は、まったく様相が違います。アウフタクトは、下げ弓 (ダウン) でアクセントをつけてはっきりと示されます。伴奏者は、弓と弦が触れるタイミングをしっかりと見極め、アクセントをつけないコンパクトな和音を、ソリストと同時に弾きます。5 小節目の前、ヴァイオリンのソロパートには音の跳躍があり、弓を運ぶ時間が必要になります。伴奏者はそのわずかな "音の隙間" を覚悟し、いかなるテンポの揺れにも対処できるようにしなければなりません。

「アンダンテ」になると、伴奏は同じような長いハーモニーが続きますが、決して気を抜いてはいけません。次の和音を常に頭に置いて、遅れぬよう、そしてヴァイオリンの音色に沿うように気を配らねばなりません。次に出てくるエピソードで冒頭に戻りますが、今度は弱音です。つまり最初とは変化させねばなりません。ソリストのアウフタクトも、さらにソフトになりますから、伴奏ピアノも同じ音色になるよう心がけます。フェルマータの時には、ソリストの弓の動きを視野に入れ、ソリストと一緒に息を吸い、和音を合わせます。

モーツァルトの「オーボエのための協奏曲」第2楽章の冒頭。オーボエの音は、ほんの一瞬遅れて出ます。ソリストのアウフタクトが見えたら、一呼吸おいて、ちょっとだけ遅れる感じの和音で入ると良いでしょう。

バラライカ、ドゥムラ、マンドリンなど民族楽器の伴奏の際にも、留意すべきことがあります。伴奏は、極力慎重に、丁寧に。民族楽器との共演の場合、特に"耳をそばだててお伴"しなければなりません。弦をつまびきはじくことで、あるいはトレモロで音を出すこれら民族楽器の音は、さほど強くはなく、マイクなしでは限りがあります。つまびき出される音はとても優しく静かですから、伴奏者には、柔らかいタッチのピアニシモが求められます。明るく響くトレモロの時には、伴奏者もボリュームを加えて大丈夫です。つまびく音は少し遅めに出てきますが、トレモロの連打の時には、音の動きも速い。細かい音型やパッセージで、ピアノ伴奏がソロ楽器と同じ動きをすることで、音量を足す場合もあります。音をきっちりとそろえるためには、常にソリストの音を聞き取らねばなりません。伴奏は、ソリストの音をかき消さないように気を付けながらも、はっきりと、エネルギッシュに…かなりの難度ですね。

シロフォン、マリンバなど、打楽器との共演もあります。マレットでたたくことで音が出る点、ピアノと同類ですね…ピアノも鍵盤を打つことで音がでる「打楽器」の仲間なのです。マリンバは、時に非常に柔らかく、優しい音を奏でます。そのような場合、伴奏も音を合わせなければなりません。

とても幸運なことに、私はこれまでにさまざまな楽器と共演する機会に恵まれました。ソロの楽器のためのオリジナル作品のレパートリーは、楽器によってさまざまです。リサイタル用プログラムレパートリーは、たとえばヴァイオリン、チェロ、フルートのための作品群と、オーボエ、フレンチホルン、トロンボーンの作品群では、数が違います。
　オリジナル作品のレパートリーに限りがある楽器との共演で、頻繁に取り上げられるのが、

編曲作品です。すでにオリジナル版で共演したことがある場合、新たに譜読みからスタートする必要はないので、得した気分になりそうですが…実は厄介なのが、編曲につきものの「変調」です。調性は、演奏する楽器の音域や、演奏しやすさ、そして、その楽器の最良の音色を求め行われますが、伴奏ピアニストは、時に、難題に直面することになります。それは、技術的な難しさ、指使い、そして耳を慣らす難しさ。まず調性の音色に慣れてから、弾きやすい指使いを選ぶ…ある意味、知り慣れたはずの曲を、またゼロから弾き直すに等しいのです。

　フルートとファゴットのリサイタルの伴奏をした時のことです。ほとんどすべての作品が私にとっては新曲でしたが、一曲だけ、グリンカのヴィオラ・ソナタだけは、ヴィオラ奏者、チェロ奏者と共演した経験がありました。ところが、その知っているはずの曲のファゴット用編曲パートを見て、私は途方にくれました。私が弾いたオリジナルはニ短調でしたが、その編曲はト短調だったのです。初めての作品として弾き直すつもりで練習を始めました。ところが、弾き込むにつれて、こちらの調性の方が弾きやすいことに気づいたのです！　そんなこともあるのですね。

　ラフマニノフのヴォカリーズも、弾き直しは時間と慣れが必要です。オリジナルは嬰ハ短調ですが、チェロとヴァイオリンは、これをホ短調で演奏します。コントラバス用に編曲されたモンティのチャルダッシュもホ短調。最初は、耳になじまないかもしれませんが、伴奏者にとって、演奏はさほど困難ではありません。すでに演奏したことがある作品の伴奏を頼まれたときには、楽譜を見て調性を確認しましょう！

　さまざまな楽器と共演することで、伴奏ピアニストの世界は豊かになり、耳も肥え、レパートリーが広がります。偶然の成り行きにしろ、自身の選択にしろ、もしこれまでに一つの楽器の伴奏しかしていないのであれば…ぜひ、他の楽器との共演も試してみてください。できない、無理、なんて思わずに、トライしてみましょう！　慣れれば大丈夫です。聞き取る耳があれば、そして伴奏の基礎さえ頭に入っていれば、問題はありません。ソリストと呼吸を合わせる、気配りと注意、そして心とエネルギーのすべてを演奏に込める。楽器によって音の出し方は異なりますが、それにもすぐに慣れるはずです。

　伴奏者には、経験が何より重要だと私は思います。さまざまな楽器や声楽家とステージに立ち、レパートリーを広げることで、自分自身のスタイルや伴奏法ができてきます。そして、新しい作品を仕上げる時間も縮小されていきます。

　ピアノ奏者は、できるだけ早い時期に伴奏を経験し、共演の楽しみを知り、レパートリーを広げるべき、と私は考えます。子供は、たいてい喜んで伴奏をします。一種のゲーム感覚なの

でしょう。伴奏の“味をしめる”と、ピアノのお稽古も、もっと面白くなるはずです。

「息の合った見事な共演」のためには、まず伴奏者がピアノを自由に操れなければなりません。伴奏ピアノは、ソロよりも、視野と聴覚を広げ、感性を研ぎ澄ますことが求められます。ピアノ伴奏パートが技術的に難しく、ポリフォニーやさまざまな音型が入り混ざる複雑な場合もあります。そのような場合にも、しっかりと時間をかけ弾き込んでいきましょう。

　楽譜の入手から最初のリハーサルまでの時間が少ない場合も、限られた時間をフル活用して、準備に取り組まねばなりませんね。とても難しい曲で、練習が間に合わなくても、伴奏のソロ部分が完璧には仕上がっていないと謝り、とりあえず凌ぎましょう。時間不足を理由に伴奏を断り、共演の機会を失わないように！
　伴奏者に求められる重要な資質が見えてきました。機転、譜面を素速く読み取る能力、そして良い意味での「冒険心」。

　ピアノ伴奏は、自分の自由にはならない職業であることを、最初から意識して臨みましょう。伴奏者は、仕事のオファーもスケジュールも、ソリスト次第です。本番までの日程が差し迫っていることもあります。いつでもスタンバイし、新曲にも果敢に挑戦する気持ちが大切です。経験を積むにつれてレパートリーは広がりますから、予期せぬ新曲との出会いも少なくなるでしょう。レパートリーの拡大には、チャレンジ精神と勇気と、短時間で仕上げる意気込みも不可欠です。オファーを立て続けに断っていたら、そのうち仕事運も尽きてしまいます…。

　ソリストとの初顔合わせも極めて重要です。なぜ重要なのでしょう？　それは、ソリストが受ける第一印象で、その後の仕事が決まるからです。伴奏者が最初のリハーサルに準備万端でのぞみ、自信を持って弾くと、ソリストはすぐにプロフェッショナルな伴奏者だと感じるはず。そうすれば、仕事も楽になり、その後の共演も繰り返されることでしょう。逆に伴奏者が準備不足だと、ソリストは伴奏のサポートを得られず、しんどい思いばかりが先に立ってしまいます。ですから、第一印象が決定的です。第一印象こそが、その後のリハーサルを決めると言っても過言ではありません。やむを得ない理由により、伴奏者が充分に練習できていない時は、ソリストにその旨を正直に話し、理由を説明することで誠意は伝わるはずです。

　リサイタルの場合は、リハーサル回数も多いはずです。一方、ガラコンサートなどの場合、通常顔合わせは2回か3回しかありません。最初のリハーサルでは、ソリストのテンポやフィー

リングをしっかりと覚え込みましょう。楽譜に、ブレスの場所やフェルマータ、動きの揺れなどを書き込むことをお勧めします。録音も、有効な手段です。なぜかと言うと、もしかすると、そのリハーサル一度きりになるかもしれないからです！　特に、声楽家との共演ではあることなのですが、本番前に、声楽家は、最終のピアノ合わせより、のどを休めることをしばしば優先します。あるいは、台風などの不可抗力によって、予定が狂うことだってあります。リハーサルが立て続けにキャンセルになり、いきなりゲネプロ、本番、ということも。経験を積むと、そのような場合もあたふたすることはありません。もちろん、プログラム次第ではありますが…。このような余計なストレスを避けるためにも、すべてのリハーサルを"当てにする"のではなく、最初のリハーサルを、これ一回、のつもりで最大限に生かしましょう。

　それでもなお、予期せぬ事態に巻き込まれることはあります。伴奏者の柔軟な対応性が問われるのは、そんな時です。どうすれば、臨機応変に対処できるでしょうか？　それは気持ちの持って行き方です！

　　　―何も断らない、疑わず、迷わず、すべてに挑む！

　　　―新曲に果敢に取り組む。将来必ず役に立ち、あなたの大切な財産となるはずです。時に"重量オーバー"と感じるかもしれませんが、何でも身につけておけば、「余計な荷物」にはなりません。練習したのに本番で演奏されなかった時には、時間を無駄にしたような悔しい気持ちにもなりますが、でもそれが、何年も後に突然"日の目を見る"ケースも多々あります。どんな時にも、新曲は経験と実践の糧となることを忘れずに。

　　　―初見力、これは大切です。時間と労力の節約になります。特に、時間が限られている場合には、非常に役立つ要素です。突然、代理伴奏を頼まれたり、プログラムが直前に変更されたり…。これはよくあることですね。特に声楽家との共演の時には。

03…初見

　初見能力は特殊な才能、という意見がありますが、私は賛同できません！　もちろん、どんな複雑な作品も、初めから難なく弾ける「初見の達人」はいます。それこそ、万人が為せる技（わざ）ではありません。でも、初見力を磨くことは誰にでもできる、と私は確信しています。初見力アップを目標に努力すれば、必ず身につきます！

　「初見」と「譜読み」では、何が違うのでしょうか？　これを読書に例えてみます。本のページをペラペラとめくり、ざっと目を通しただけで、それがどんな内容か、どんな言葉やスタイルで、読むに値するのか判断する…。あるいは、最初のページからじっくりと読み、次第にどんどん引き込まれて最後まで完読する。逆に、途中でつまらない、と放り出す…。
　初見は、例えるなら推理小説。次はどうなる？　この先の展開は…？　どんなエンディング？と、ワクワクした気分で、一気に先へ読み進めたくなります。

　では、どうやって初見力を身につければよいでしょうか？
　まず、いくつかのルールを決めましょう。

　　―何があっても、弾く手を止めない、鍵盤から手を離さない。
　　―作品の全体像をつかむことが重要なので、常に先を予見しつつ、目で追える箇所だけを弾き進む。
　　―初見の目的は、曲の性格、スタイル、形式のイメージをつかむこと。音符の周りに書かれている、ニュアンスや記号、テンポやフィーリングの変化は、音符そのものよりも大事です。音を正確に拾うことは、譜読み段階に先送りしましょう。
　　―間違えても構いません！　ゲーム感覚でのぞみましょう。細かく丁寧な音作りは、譜読みの時に。

　鍵盤に手を置く前に、テンポ指示と調性、拍子、作品名を確認することで、曲のイメージがなんとなくつかめます。楽譜にざっと目を通しましょう…絵を鑑賞する、あるいは、高い場所から景色を見下ろす感じです。全体のイメージをつくり、音楽の動きや技術的に難しそうな箇所、拍やテンポ、調性の変化をあらかじめチェックしておきます。

そして、弾き始めたら、すべての音を拾うことよりも、曲のテンポと性格を保つことをメインに、先へ先へと弾き進めます。最初は、楽譜の音符の10分の1ほどしか拾えないかもしれませんが、実践を重ねるにつれて、拾える音の数は増えるはずです。そうなっていけばしめたもの、初見の醍醐味も増していきます。

　もしピアノのパートが、簡単で明瞭であれば、問題はありません。細かい音が連なっていたり、重厚な音の層が出てくる曲の場合、すべてを弾こうとしたら、テンポはどうしても落ち、リズムはバラバラになり、もたついた弾き方になってしまいます。弱気になって、自分は向いてない…と気落ちしてしまっては、元も子もありません。

　V. ポドリスカヤは、論文で次のように書いています。
　　　　初見で伴奏する際の、不できの要因として、以下のことが考えられる。
　　　　－ソリストの意図を十分にくみ取れない、プロとしての注意力の欠如
　　　　－テンポ、リズムの変化に柔軟に対応できない
　　　　－複雑な音型で、ソリストと一定のテンポを守るための"支柱点"を見つけられない
　　　　－技術的に難しい個所で、弾きやすい指使いを、的確に選べないこと

　この中で、最初の2項目に関しては、協調性、意気込み、困難に立ち向かう意気込みなどが、ピアニストに求められます。弾きやすい指使いについては、まず、ポジションで弾くこと、つまり分散和音とスケールを基礎にした指使いです。素速くパッセージ全体を見渡すことができれば、自然に、慣れた指の位置に収まるはずです。目と手が素速く反応するためには、定期的な訓練が必要です。「定期的な」―それがカギです！

　より簡単なものから複雑な曲へと、段階的に練習をします。"支柱点"を素速く見つける練習のためには、16分音符や3連符など短い音の羅列から成る作品を選びます。そして、拍の最初の音だけを弾き、拍に乗らない音は飛ばします。大切なのは、テンポを落とさないこと。順に弾く音を増やしながら、複雑な作品に移していきます。その際、スピードは絶対に落とさぬよう心がけましょう。

　ソリストパートを見る練習には、まず、歌のシンプルな伴奏（左手のバスとハーモニーなど）から始めます。左手は譜面通りバスを弾きながら、右手ではソリストのパートを弾いてみます。次に、すべての（できる限りで構いません）伴奏部分を左手だけで弾き、右手はソリストパートを弾きます。それから、両手で普通に伴奏パートを弾きながら、ソリストパートを歌ってみ

ます。弾きながら歌うためには、まずなによりも、ピアノパートを自由に弾きこなせなければなりません。

　パッセージ部分で弾きやすい指使いを見つけるためには、片手練習が欠かせません。パッセージを、ポジションの指使いで弾けるように分割して考えます。視線を速く動かして楽譜を読み取る技量が問われますが、それは経験を重ねることで身につくはずです。複雑な音型は、縦割りに考えてみましょう。簡単な和音伴奏から始め、細かい音を加えていくのですが、最初はテンポを落とさぬよう、一拍目だけを弾きます。そして、パッセージのハーモニーを縦割りに考え、拍の柱を意識しながら、すべての細かい音を弾きます。

　経験豊富な教師は、同じ作曲家の作品を立て続けに初見してみることを勧めます。それぞれの作曲家には、独自の音楽構図があり、スタイルや、好んで使う音型（アルペジオ、スケール調、3連符を駆使する動き、波のうねりの様な音のつなげ方、ハーモニーの重複型、特徴的な音のインターバルなど）があります。同じ作曲家の作品を続けて弾くことで、その特徴をつかみ、ハーモニーやメロディーなど、音型を構成別に分けて考えられるようになります。たとえば、ある作曲家のロマンス集を、すべて弾いてみましょう。このようにして、さまざまなスタイル、時代の作曲家を弾き込むことで、聴く力も養われ、形式の特徴をより早くつかめるようになります。

　初見の練習には、ステージ感覚をシミュレーションすることも大事です。これは本番、聴衆がいる、と自分に言い聞かせます。そうすると、緊張感も、やる気も、責任感も、そして一番大切な、「止まってはいけない」という感覚も身についてきます。

　自分よりも初見が上手なピアニストとの連弾も、とてもためになります。"誘導してもらえる"からです。遅れたり止まったりしませんので、曲の雰囲気やテンポをパートナーは一貫して弾き続けることができます。そのような上手なパートナーに恵まれると、最高の実習になりますね。もしそのような機会に恵まれたら、ディアベリやモーツァルトのソナタ、ハイドン、ベートーベンの交響曲、そしてもっと複雑なシューベルトのオリジナル作品などにチャレンジしてみてください。

　人に頼らず、独自に腕を磨く方法もあります。まず初めに簡単なピアノ作品を弾いてみましょう。子供のための作品、練習曲など、シンプルで誰もが知る曲。目で追いやすい、1、2ペー

ジの短い曲から始めましょう。絵を鑑賞するように、ちょっと離れて見てみると、構図や音の流れ、繰り返し、反復、ニュアンスやテンポの変化が見えてきます。テンポを決めるために、まず、曲の出だし部分や、細かい音形部分を、頭の中で歌ってみます。それから、実際に弾いてみましょう。ステージで演奏しているように、たっぷりと表現をつけながら。初歩的な作品なら、すぐに、難なく弾けるでしょう。そして、上手く弾ければ、さらに先へ、難しい曲に挑戦しようという向上心にもつながります。

楽譜を読む時に、"足元ばかり"を見るのではなく、常に目を先へ先へと進める練習方法があります。友人に頼み、弾いている小節を紙で隠してもらいながら、弾き進めていきます。こうすれば、今弾いている小節ではなく、その次、また次の小節へ、目を向けることになります。先見の目を持つ…。人生と同じですね。散歩中、足元ばかりに気をとられるのではなく、周囲の景色にも目を向けてみる…どんな建物があるのか、どんな人たちがいるのか…。散歩の楽しみも増しますね。あるいは、本の読み聞かせ。読み進めながら、ちょっと先まで目を通し、このあとの展開を意識しながら抑揚を変えて読むと、ぐっと面白くなります。これからどんな登場人物が現れるのか、それをどんな声で、どんな抑揚をつけて読むのか…。単調でつまらない朗読は、あくびを誘うだけです。伴奏者は、先の展開を、細部まで見逃してはなりません！

ところで、新曲の楽譜を手にしたら、それをぜひ、初見のチャンスと思って弾いてみてください。ソリストのパートに視線を走らせながら、最後まで弾きましょう。曲の全体像や、形式、難しい箇所などをすぐに把握できるはずです。あらゆる曲を初見のチャンスととらえて、定期的に取り組むと良いでしょう。もちろん、最初からすらすらとはいかないでしょうが、目的意識をもって、辛抱強く取り組めば、必ずうまくいきます！

04…伴奏パートのソロ演奏

　伴奏ピアノは、作品作りにどのような役割を果たしているのでしょう？　遠慮なく言わせていただくと、ありとあらゆる役目！　です。

　主旋律のあるソリストが主役で、ピアノは脇役、と思われがちです。しかし、考えてみると、メロディーだけで曲のイメージができるでしょうか？　もちろん、不可能です。たとえどんなに美しく、見事に演奏されたとしても、メロディーだけでは曲は未完成です。ピアノ伴奏は、ハーモニーを飾り、支え、テンポや動き、メリハリをつけ、メロディーの休符を補いながら、音楽を盛り上げます。作品全体の流れや生き生きとした動きは、伴奏者次第と言っても過言ではありません。

　多くの作品には、伴奏者がソリストのように、一人で演奏する場面が出てきます。前奏、間奏、そして後奏部分です。これらの箇所では、伴奏ピアノは「脇役」ではなく、「主役」となります。華々しいたっぷりとした前奏は、伴奏ピアニストの聴かせどころですね。想像力を働かせ、感情豊かな音色で、曲を正しい方向へ誘（いざな）う導入部分です。他方で、長い序奏を、無表情でつまらなく弾き流してしまうと、ソリストが入る前に聞き手の心は離れてしまい、演奏全体が台無しになります。前奏は、作品の雰囲気、リズムやテンポを示す重要な部分です。作品の登場人物の気持ち（悲しみ、孤独、不安、など）を表現します。前奏の中には、形式的に完結しているものもあります。まるで声楽パートを予言するように主題が前奏で奏でられることもありますし、前奏が、波、風、馬の疾走など、何かを表現する場合もあります。

　一方、前奏部分がどんなに"派手に"展開されても、あくまで作品の序奏であり、ソリストと合流した時には、「お供」に徹することを忘れてはなりません。前奏を弾き始める前には、それがピアノの独奏であると同時に、ソリストを待つための「始めの言葉」と考えます。そうすると、伴奏の前奏はただの前音楽でなく、大きな意味を持ってきます。

　いくつか例をあげてみましょう。ロッシーニの輝かしく華やかな曲「ナポリのタランテラ」は、華麗なピアノの前奏で始まります。速いテンポで駆け抜ける８分音符は、粒をそろえ、軽く、歌うように。リズムははっきりと勢いをつけて、ただしソリストが歌いやすい速さの域を超えぬよう、注意します。あくまでも、ソリストの歌につなぐ前奏であり、ピアニストの指が

いかに速く動くのかを見せるシーンではありません。速すぎるテンポは、ソリストを崩してしまいます。弾き始める前に、頭の中でソリストの最初のフレーズを歌い、正しいテンポを計りましょう。

タファネルの「フルートのための幻想曲」（Taffanel Grande fantasie Mignon）。

オーケストラ作品であるこの曲の前奏は、遠くで響くトレモロで始まります。激しいテーマが、アクセント付きの和音に変わり、徐々に激しく、大きく展開されていきます。このような音型をピアノで弾くと、とてもボリュームが厚くなります。もちろん遠慮することはありませんが、前奏の終わり部分のニュアンスは… f 記号一つだけです！ ここでソロのフルートが入ってくるのですが、フルートの音量には限りがあります。だからと言って、やたら音を大きく出そうと、フルートが"わめいて"しまってはいけません。伴奏者は、ソロ楽器の音の可能性や限度を考慮して、ピアノの音を調整しなければなりません。この曲の場合も、前奏の終盤は、音量ではなく、気持ちを高めることで、音楽を盛り上げます。

　トスティの「最後の歌」(Tosti L'Ultima Canzone)。間奏部で、ピアノ伴奏の左手がメロディーを奏で、それを歌い手へとつなげます。フレーズのアーティキュレーションは、歌手のブレスのように、2小節、あるいは1小節にかかるスラーで強調されます。右手のシンコペーションは、柔らかく、リズミカルに、後半の動きを定めます。

　ビゼーのオペラ「カルメン」より「ハバネラ」。オーケストラ作品ですが、ピアノ伴奏でも頻繁に演奏されます。前奏を暗譜されている方も多いでしょう。リズミカルに、明るく光り輝く音色で、ヒロインのカルメンのイメージを描きます。どのようなカルメンになるのかは、ピアノの前奏次第です！

　さらに例を見てみましょう。シューベルトの「魔王」(Schubert Erlkönig)。第1小節から正しいテンポと動きを定め、馬の疾走と我が子を案じる父親の不安を表現します。ピアノパートは、技術的に大変難しいです。オクターブの反復が、時には f 、時には p で、速いテンポで続きます。まるでピアノのために書かれたような、ピアノが主役と思えてくるような曲です。でも、そうではありません。ピアノ伴奏は、音楽に勢いと流れをつけながらも、「伴奏」であることに徹しましょう。しっかり弾き込み、どんなに見事に仕上げても、たとえばピアノ曲であるリストのパラフレーズのような印象とは異なります。オクターブを連打しても、音が大きすぎてしまったり、ピリピリとした緊張感につながってはなりません。
　手が小さいピアニストの場合、オクターブ部分を両手で一音ずつ反復して弾いてみてください。そのように弾くと、手も疲れませんし、余計な緊張も入らず、演奏の質もきっとよくなるはずです。このような"こつ"は、楽をするためではありません。伴奏の技量と芸術的課題が問われるところです。

ムソルグスキーの「死の歌と踊り」の「トレパーク」でも、同じことが言えます。伴奏パートには、荒れ狂う雪あらし、吠える風と寒さを表す激しいパッセージが出てきます。ここでは、すべての音符を漏れなく拾い、指がいかに速く動くかをひけらかすことが最重要ではありません。必要なのは、吹き荒れる雪嵐の風景を連想させる演奏です。下記のエピソード部分は、ペダルを使い、左手を軸に弾きます。右手の1拍目、9-10音が連なる部分では、各パッセージの二つ目の音を飛ばしながら、下りの半音階を弾きます。

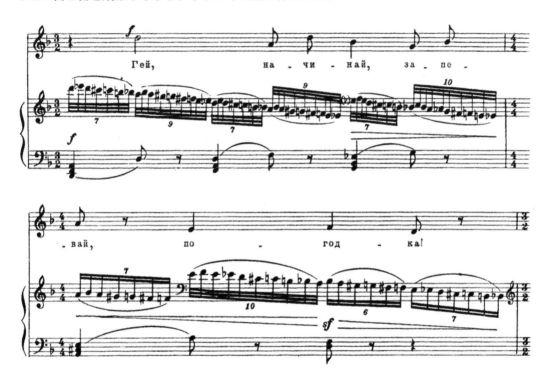

　ロッシーニのオペラ「セヴィリアの理髪師」より、ロジーナのアリア。最初の和音は f で決然と、思い切って。次の返答部は、p で、遠慮がちに。ヒロインの移り気を表しています。

　4小節目、3拍目を正確に入り、先のテンポとリズムを定めます。続く小節では、右手の、スラーでくくられた二つ目の音を少し軽く短めに弾くと、休符が生き、色気や茶目っ気を表現できます。最後の和音はしっかり、はっきりと。このように弾くと、前奏部でヒロインのイメージができ上がります。

　歌の前奏では、次に出てくるメロディーのフレーズが呈示されることもあります。歌の雰囲気に合わせて弾きましょう。最後にリテヌート記号が示されている場合（たとえば「落葉松」のように）、リテヌートが「おしまい」という感じにならないように注意します。メロディーが入りやすいように、一瞬立ち止まって待つ、という雰囲気にしましょう。伴奏ピアニストが、待ち人に扉を開けて中へと招き入れ、おしゃべりを始める、というイメージです。わざとらしいテンポダウンにしてしまうと、前奏だけで終結してしまい、歌が入りにくくなってしまいますので、要注意です。

　作品のほぼ半分を前奏が占めると言っても過言ではないのが、R. シュトラウスの「朝」です。

　シュトラウスの作品の中で、もっとも優雅で可憐な歌です。ジェラルド・ムーアは、「この歌には"壊れ物、取扱注意！"という表示が必要だ！」と書いています。全曲を通して柔らかい弱音で、最後まで一貫して、音を厚くしたり、表現をつけすぎてはいけません。ピアノ前奏の最初の4小節でメロディーが上昇し、登り詰めたところでほんのわずか立ち止まってから、

次の4小節で下降します。左手、ハープを思わせる分散伴奏が消えた箇所では、4拍目が急ぎがちになります。急いでしまうと、この音楽に流れる穏やかな雰囲気を壊しかねまん。伴奏パートの16小節目からは冒頭の繰り返しになりますが、ここで歌が入ります。声楽のソロパートが、ピアノのささやきにそっと寄り添い、溶け込んでいく感じです。歌の終盤、少しずつゆっくりになり、静けさが増していきますが、ここでは伴奏ピアノに自制が求められます。長い音は、しっかり最後まで聞きながら伸ばしましょう。最後の和音は、かすかに聞こえる程度に。和音は極力平たんにそろえ、「Augen」の言葉に乗る左手和音の高音は、右手の1の指で弾きます。左手の次の和音、手が届かず同時に弾けない場合には、和音をばらばらと崩してでも無理に弾こうと焦るよりは、高音を除いて弾いても良いと思います。このような方法を、ジェラルド・ムーアも勧めています。

前奏の形は本当にさまざまで、中には、わずか数音の場合もあります。数音だけの前奏だからと言って、軽視してはいけません。作品は、ピアノの音から始まるのです。ソリストが入った時、ではなく、ピアノ前奏の"第一声"から。伴奏ピアニストは、どんなに短い前奏でも、表現豊かに弾き、正しい動きをつけて、曲の雰囲気を創らねばなりません。

　いくつか例を見てみましょう。

　シューベルトの「糸を紡ぐグレートヒェン」(Schubert Gretchen am Spinnrade)。ソリストが入るまでの前奏は、わずか1小節半だけです。この短時間に、右手の16分音符をそろえ、紡ぎ車のやわらかな振動音のイメージをつくります。レガートとピアニシモの指示は、歌の冒頭の穏やかな様子を表わしており、それは曲の中で変化していきます。左手は、ペダルでつなげたような長い低音と、その上に乗るスタッカートの8分音符で、動きとリズムをつくります。正確な拍、粒のそろったやわらかな音は、紡ぎ車の動きを連想させ、ソリストが中音域でのびのびと入って来られるよう準備します。

　マスネの「タイスの瞑想曲」(Massenet Meditation from Thais)。分散された8分音符の同じ音型が2小節。難しいことはありません。柔らかく、スムーズなアルペジオで。小節の終わりに小さな休符がありますので、ペダルは丁寧にそっと離します。2小節は、コピーされたような同じ形にならぬよう、少し前へと動きをつけてヴァイオリン・ソロを誘(いざな)います。ヴァイオリンの第一音のニュアンスと特徴を想像しながら前奏を弾き、「瞑想」の雰囲気を創ります。

　似たような前奏が、サンサーンスの「瀕死の白鳥」。16分音符が続きます。優雅に首をもたげて羽づくろいをする白鳥が、かすかにさざめく水面をすべるように進む様です。美しいメロディーですが、伴奏無しではしなやかな鳥の動きを表現することはできません。ピアノの音色が加わってこそ、効果的な音楽になるのです。

　フォーレの「夢のあとに」と「エレジー」の前奏もわずか1小節で、8分音符の同じハーモニーです。いずれの場合も、テンポを正確にとらえねばなりません。ソリストが、動きを前後に微調整することはありますが、経験のある伴奏者ならば、ソリストの意図をすぐに汲み取り、自然にテンポを合わせられるでしょう。ただ、前奏とそれ以降のテンポの変化はあまり望ましいことではないので、できれば避けたいですね。

ソリストのパートが、長い音で始まる場合には、どうすればよいでしょう。たとえばカッチー二やシューベルトの「アヴェ・マリア」。前奏のテンポが遅過ぎたら、ソリスト最初の音を一呼吸で伸ばすことが難しくなってしまいます。伴奏がソリストの"息の根を止めて"しまうパターンです。一方速すぎると、穏やかな祈りの雰囲気は生まれません。的確なテンポを決めるためには、歌のパートのテンポを想定し、前奏を弾きながら、メロディーを心で歌ってみるのです。まるで自分で自分に伴奏するように。

シューベルトの「白鳥の歌」より「影法師」。前奏では4つのハーモニーがあり、それはソリストが入ってからも繰り返されます。正確なテンポと歌の表情を、前奏の4小節でとらえるのは、容易ではありません。前奏を弾きながらメロディーを頭の中で歌ってみると良いと思います。下記、下段の楽譜を参考にしてください。

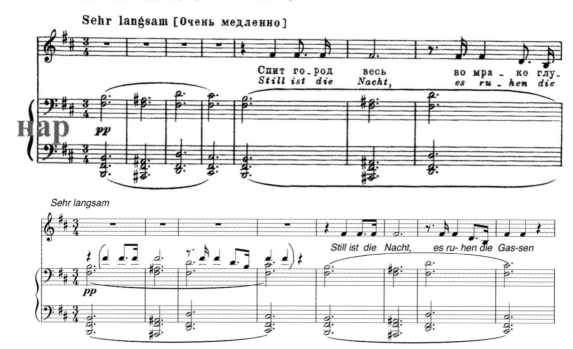

この考え方は、一人で練習するときに役立ちます。自信と安定感が得られるはず。ジェラルド・ムーアは著書『歌手と伴奏者』の中で、「テンポの目安は、歌手がワンフレーズを一呼吸で歌える速さ」と書いています。前奏で、声のパートを自分で歌うと、自然な動きをつかめ、音楽に正確な流れをつけることができます。

このように、前奏は、いかなる時も、表現豊かに、ピアノの音色を生かす演奏を心がけます

が、それはあくまでも「前奏」であって、作品の山場やソリストの出番が、先に控えていることを忘れてはなりません。大きな前奏の曲でも、これはピアノ作品ではないのです。メロディーを招くための序奏であり、作品全体から前奏だけが突出しないよう気を配ることが大切です。

　伴奏する楽器も、大きな意味があります。ロッシーニの「タランテラ」も、ソリストがソプラノ歌手である場合と、トランペット奏者である場合によって、伴奏は力加減や音色を変えなければなりません。大げさな前奏や、逆にぼやけた前奏は、作品の魅力をそいでしまいます。

　曲が進み、次のピアノソロは、間奏部です。前奏と比べると、間奏は文字通り曲の間に出てくるパートですので、任される役目も異なります。間奏部が、ソリストの合間の1、2小節だけの場合は、"橋（ブリッジ）"として、メロディーやフレーズをつなげます。このような"橋（ブリッジ）"的間奏は、ほぼすべての作品に登場します。それがどんなに短くても、しっかりと表現をつけて弾くと、ソリストも心強いサポートを感じます。

　間奏は、繰り返しがある作品には必ずあります。何回繰り返されるかによって、間奏部も1回、2回とさまざまです。通常、繰り返しをつなぐ間奏は同じ音型であることが多いのですが、それをオートマティックに、同じように弾き流してはいけません。各「番」の表情次第で、間奏も変化をつけます。歌の場合、特に歌詞の内容により、間奏部も、穏やかであったり、柔らかかったり、悲しげであったり、逆に、躍動感にあふれ、明るく、喜びに満ちていたり、と毎回さまざまなニュアンスがあります。伴奏者は、次に出てくる歌の内容に合わせて、間奏部の音色やフィーリングに小さな変化をつけます。

　たとえば、日本の歌「赤とんぼ」「ふるさと」、シューベルトの「野ばら」、グリンカの「ひばり」。また、ドリーブの「スペインの歌」では、歌間のピアノ間奏は、踊りの雰囲気やカスタネットの響きを再現し、跳ねるようなはつらつとしたリズムをつけます。間奏の最後の数小節では、まるでギターのように、短く響かせたり、柔らかく伸ばし気味にしたり。このわずかな間奏の変化が、ソリストにとっては大事です。ただ歌の間にソリストが休憩する隙間を埋めるだけではなく、同等の共演者として、ピアノの伴奏が大きな意味を持ってくるのです。

　一息に流れて盛り上がる作品の場合、話は違います。例として挙げられるのは、「落葉松」です。やはり数回の繰り返しで成り立っていますが、この曲の場合、ピアノの間奏は、クライマックスへ向けて一気に盛り上げてから、最後に穏やかに落ち着いていきます。歌の中に、間奏が2か所あり、f記号と「ピアノソロ」と示されています。2か所とも同様の指示ですが、音色は変えねばなりません。始めの間奏は、わずか4小節で、これは歌の一部にも思えます。このような場合、歌手の声を真似るように、メロディーをなぞります。ここはまだ歌の前半で、クラ

イマックスはずっと先です。ディミヌエンドを計算して作り、声へとバトンを渡します。2回目の間奏は、最初の倍の長さです。ピアノはしっかりとしたソロの音色で、広く、自由に、一つずつ音符を歌います。伴奏ピアニストは、ソリストが歌ってきたことを補うように、気持ちを込めて弾きます。大切なのは、この間奏部がクライマックスへと導いていくこと。ですから、間奏部の最後に、テンポを落とさず、流れを崩さぬように、音量を少しだけ減らします。そしてすぐにエネルギッシュに盛り上げ、ソリストがクライマックスに向けて上り詰められるようにサポートします。このように間奏を考えると、自然でボリュームのあるクライマックスになると思います。

　間奏は、エピソードの合間や楽章間にも登場します。たとえば、ヴィオレッタやレオノーラのアリアなど、大きなオペラアリア。器楽作品では、サラサーテのツィゴイネルワイゼンやタファネルの「幻想曲」など。ここでは、次に歌われる楽章のテンポと特徴を、伴奏ピアノが示さねばなりません。責任重大です！　次に出てくる楽章のイメージをしっかりと頭に描き、望ましい雰囲気を作ります。ソリストの意向をあらかじめ確認して、一人で練習してみます。歌手によってテンポはさまざまで、それは時に、かなり大きく違うことも…。多くの声楽家と共演する以上、まずそれを念頭に置き、敏感に、柔軟に対応していきましょう。

　さて、最後に出てくるのが締めくくりの後奏です。これも、作品によって長さや内容はさまざまですが、大きな意味を持つことに変わりはありません。作品を締めくくるわけですから、聞き手の記憶にも残ります。前奏から始まり後奏で終わるまで、大きなアーチをかけるようにまとめ上げねばなりません。後奏は、最後の余韻のような数音の和音だけの場合もあれば、ピリオドを打つようにしっかりとした和音で終わったり…。または、ソリストの最後のフレーズを受けて、ここまでのストーリーを振り返る形もあれば、感情たっぷりに締めくくるパターンもあります。後奏は、長さに関わらず、ソリストの最後の音を引き継いで、余韻を名残り惜しむように、締めくくります。ソリストの終わりが曲の終わり、という感じにならぬように。後奏が"おまけ"のようにならないように！
　曲は、ピアノの音で始まり、ピアノの最後の一音で終わるのです。どうぞ謙虚にならないように！　後奏がどんなに短くても、表現豊かに演奏すれば、ソリストが作品を通して創り上げたイメージをさらに豊かにします。ソリストとの打ち合わせも大切ですね。残念ながら、声楽家の中には、歌い終わりが曲の終わり、ピアノの後奏が終わるのを今か今かと待つ方々もいます。そのようなソリストと共演するときには、思い切って考え方を変え、歩み寄ることも必要です。たとえば、自分で考えた和音で、後奏を短縮させたり、聴衆の拍手を今か今かと待つソリス

トのために、音楽を切り上げたり。そのようなことにならないためにも、共演者同士の関係が大切です。ソリストは、最後のフレーズを歌い終わりながら、ピアノの後奏へとバトンを上手に渡せねばなりません。そして、伴奏者は、ソリストが創り上げた作品のイメージを上手に引き継がねばなりません。

チャイコフスキーのロマンス「昼の輝きが満ち、夜の静けさが広がっても」（Tchaikovsky Does the Day Reign Op47-7）。

　ソロの最後の音は、クライマックスまで上り詰めた主題が、まさに駆け上り消えていくような高々しいイメージです。もしソリストがそれを意識しないで歌ってしまうと、その後に続く悠々としたピアノの後奏は、まるで別の曲のようにつながりが無くなってしまいます。

　ところで、この曲については、ちょっとしたコツがあります。最後から15小節前と、13小節前、シンコペーションで出てくる右手の和音ですが、下の音を弾かないことで、上の二つの3度を、2と3の指で弾くことができます。そうすると、あたふたと手を動かさずに、左手のオクターブをのびのびと弾けます。

チャイコフスキーのロマンス「教えて、木陰で起こったことを」(Tchaikovsky «Tell me What in Shade of the Branches? » Op 57-1)。

(1884 г.)

ソリストの最後のフレーズが、ピアノの後奏に溶け込みます。まるで、ヒロインの感極まった感情を、最後にピアノに託す感じです。右手のオクターブで、メロディーを広く歌いあげます。長い音でとどまらず、音のボリュームが薄くならぬように注意します。左手のオクターブが下降しながら曲は落ち着いていきますが、恋しい気持ち、喜びの気持ちは残るようにしましょう。右手の8分音符も下降していますが、気持ちは逆に高揚し、明るく残します。最後から2小節目の和音では、高音の旋律「シーソーミ」が消えないようにして、動きをキープ。小節の2拍をしっかり意識して、不必要なテンポダウンを避けます。最後の和音はあまり小さくならぬよう、高揚感を残しながら。

　ソリストは、ピアノのエンディングから、最後のフレーズの歌い方のヒントを得ます。ロマンスの歌い終わりのフィーリングを導き出すわけです。これは、リハーサルを重ねながら、音色を探し、声からピアノへ音楽の自然なバトンタッチを話し合います。

　面白い例として、シューマンのチクルス「女の愛と生涯」(Schumann, Frauenliebe und leben) の後奏があります。このチクルスの全8曲は、優しさ、愛、喜びと真心に満ちていますが、最後の歌だけが悲劇的で、失う痛みが歌われます。声楽パートはレチタティーヴォに近く、語りかけています。声が止まったところで、伴奏パートに予期せぬ転調があり、最初の歌の調性とメロディーが現れます。まるで、ヒロインが希望に満ちあふれていた若い時分に戻り、すばらしき日々を、愛する人を、感謝の気持ちで思い出しているようです。チクルスを晴れやかな雰囲気で終える大役を、作曲家は伴奏パートに託したのです！

05…伴奏の表現力

　ピアノ伴奏の技法は、多種多様です。ただ単に、ハーモニー、あるいはリズムの伴奏に過ぎないこともあります。そもそも伴奏パートは、独立しては成り立たず、ソリストパートに従属しています。時にはとてもシンプルで初歩的な場合もあります。そのことについては、本書の冒頭でも述べました。つまり、伴奏者は、ソリストの意図を感じて汲み取り、それに完全に合わせてサポートに徹するということです。メロディーの音やスタイルに注意しながら、柔軟に、丁寧に演奏する伴奏ピアノこそ、ソリストの助けと成り得ます。ソリストが技術的に難しい箇所を乗り切るサポートをし、ソリストが望む雰囲気を創り出すことが重要です。あるいは、指揮者のように、がっちりとテンポを守り、弾力性とリズム感を生み出すこともできるのです。

　頻繁に演奏されるヘンデルのオペラ「リナルド」のアリア「私を泣かせてください Lacscia ch'io」では、伴奏パートは歌のパートと完全に一致しています。しかし、ピアノは、ただ単にソロのハーモニーのボリュームを出すだけではなく、ソリストが動きをつけやすいよう、また、短いフレーズを大きくつなげられるように意識しなければなりません。ダル・セーニョ（D.S）の箇所で、通常ソリストはブレスを入れません。ですから、伴奏の8分音符は少し前へ動かし、次の一拍目に向かうようにします。そうすると、ソリストは長いフレーズを一呼吸で歌うことができます。ただ、ここの部分でソリストがブレスを入れることもあります。リハーサルではブレスなしだったのに、本番ステージで、突然ブレスが入る…。そんなときも慌てずに。伴奏者がソリストと共に呼吸していれば、必ずその瞬間をとらえ、対処できるはずです。これが、ソリストと"息を合わせる"、ということです。

　音符の数がとても少なく、テンポがゆっくりの作品の例として、山田耕筰作曲の「からたちの花」を例にみてみましょう。一見、何も難しくはない伴奏パートです。が、実際は、この歌には細やかなニュアンスや、フレーズを区切る「コンマ」がたくさんあり、それらがのびのびとした雰囲気を創り出しています。伴奏は、歌に寄り添うように並行して動きます。歌は、繰り返しの後も毎回、ピアノのアウフタクトから始まります。これらを毎回、少しずつ変化させなければなりません。出だしはフェルマータをつけ、ソリストが歌い始めやすいように、ｐｐ <ruby>は<rt>ピアニシモ</rt></ruby>は小さすぎず。2番の前では、前の音を続けながら、ニュアンスは少し前へ動きをつけて。3番目は、歌の一番のクライマックスへ向けて、最も明るく。そして最後の4番では、音量も雰

囲気も、静かに落ち着かせて。

　声のパートに休符はなく、ピアノの間奏もありません。メロディーは独立していますから、伴奏無しでも歌うことができます。ですから、ソリストも、そして聞き手も、伴奏がただ無意味に"くっついて"いるのではなく、なくてはならない共演者である、と感じてもらえるように演奏したいものです。

　同じく山田耕筰作曲「この道」も似通った伴奏形ですが、この歌の場合、ピアノ前奏があります。伴奏譜に書かれている記号やニュアンスを的確に、丁寧に弾くことが大切になります。ピアノパートにも詩情あふれる歌詞がついている、と思って弾きましょう。前奏は、歌のパートの出だしと同じですが、突然、音数の多い、広い分散和音が登場します。和音にはアクセントがついていますが、鋭く短く弾くのではなく、しっかりと芯のある音にします。そしてすぐに、 p の表示があり、分散和音と同じペダルの中で、8分音符が響きます。8分音符がかき消えないようにするために、和音はあまり大きくならぬよう気をつけます。

　次の小節のアルペジオは、8分休符の後に入ります。つまりこれは新しいフレーズです。右手の6つの8分音符は、道を行く歩調ですので、ゆっくりになったり静かになったりしないように。その方が、ソリストも歌い始めやすいはずです。その後伴奏は、歌とメロディーを"伴にする"わけですが、毎回、歌詞の内容によって、始まりのアウフタクトの音の長さや音色を変化させます。私たち伴奏ピアニストに求められることは、耳をすまして聞くことです。歌のフレーズ間の休符をピアノの和音が補います。たとえば、伴奏の3小節目に出てくる大きく分散するハーモニーは、「ゆるく」と指示された高音へ駆け上る手助けとなります。その次の和音は、低音をしっかり最後まで歌い切ってから、別のオクターブへ移ります。そして最後の休符では、 pp の中で低音だけを響かせ、次の広いハーモニーの"予兆"とします。すべてのニュアンスを、わざとらしくなく、声と自然に混じり合うように心がけます。2拍子と3拍子が交互に繰り返される歌が、伸び伸びと、広々と、響きわたります。

　一見簡単そうな伴奏にこそ、危険が潜んでいるものです。伴奏のパートナーがつまらなそうに弾いていたら、ソリストはどんな気持ちになるでしょう！　ピアノパートの地味な和音に、複雑な心理的内容が隠れていることだってあるのです。

　顕著な例が、シューベルトの「白鳥の歌」より「影法師」(Schubert Der Doppelganger)。あるいは、同じシューベルトの「冬の旅」より「辻音楽師」(Schibert Der Leiermann)に出てくる反復伴奏。4分音符がゆっくりと続くシューマンの「ミルテの花」より「はすの花」(Schumann Die Lotosblume)の伴奏は、ゆったり流れる水のさざめきのイメージです。

一方、パガニーニ＝クライスラーの「プレリュードとアレグロ」(Pugnani-Kreisler, Praeludium und Allegro) の終楽章、数小節続く長いトレモロは、ソロであるヴァイオリンの16分音符の動きに合わせ、その場に足踏みすることなく、しっかりと息づくように心がけます。

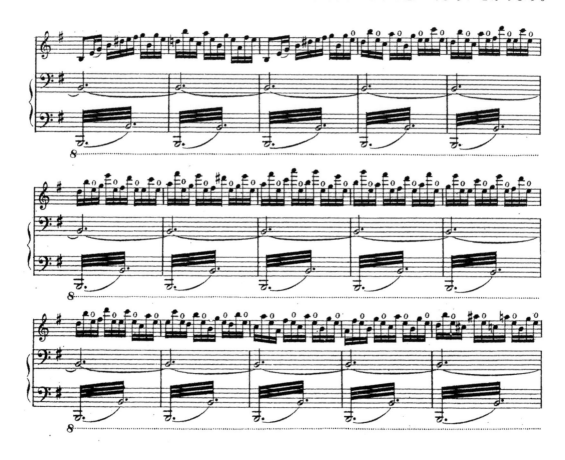

　ソロパートの意味が理解できなかったり歌詞の意味や内容を感じ取れないと、和音に求められる緊張感や休符の重要性も把握できません。

　数多くの作品において、伴奏パートは、さまざまな技法で表現されたハーモニーの背景を創り出します。ハーモニーがいたって簡素で、目で追いやすいことも多いのですが、ロマン派の音楽では、びっしりと凝縮された複雑な音型も見受けられます。伴奏パートの譜読みの段階で、音符をいかに速くグループ分けできるかが、とても重要になってきます。ピアノにおけるハーモニーは、多くの場合、さまざまな音型によって成り立っています。下記の楽譜を参照してください。細かい音符を一つ一つなぞるのではなく、和音としてとらえます（下の図）。その中の柱となる音を見つけて、ハーモニーをつなげていきます。16分音符などの細かい音から成

る音型を、このように和音の連続で弾いてみてください。たとえば、シューマンの「リートと歌　第3章」より「ことづて」Op.77-5。

あるいは、シューベルトの「美しい水車屋の娘」の「憩いのタベに」Op23-5。

　このように音型をまとめて考えると、全体のハーモニーや、動き、フレーズの構造などを、より早く把握することができます。さらに、和音の形で弾いてみることで、ポジションでの指使いを早く見つけることもできます。そして、細かい音符も自由に、自信をもって演奏できる

ようになるはずです。楽譜の見方次第で、練習時間の節約にもなります。あらゆる楽譜は、数多くの音符をつなげるタイプ別の音型から成り立っていますので、さっと目を通すだけで、馴染みの言葉や文法の変化形を読み取るように理解できるようになります。

　あらゆる音型を簡素な和声に置き換える方法は、たとえば右手でソリストのパートを弾き、左手で伴奏の基礎部分を弾かねばならないような場合に、大変役立ちます。

　伴奏によくあるパターンの一つが、曲を通して同じ音型が続く作品です。例としてあげられるのは、チャイコフスキーのロマンス「なぜ？」。伴奏パートは、冒頭から12/8拍子の平坦な動きが続きますが、音の間隔は3度から徐々に広い和音へと広がっていきます。やがて低音（バス）が加わり、歌のパートとの掛け合いになる高音が右手に現れます。

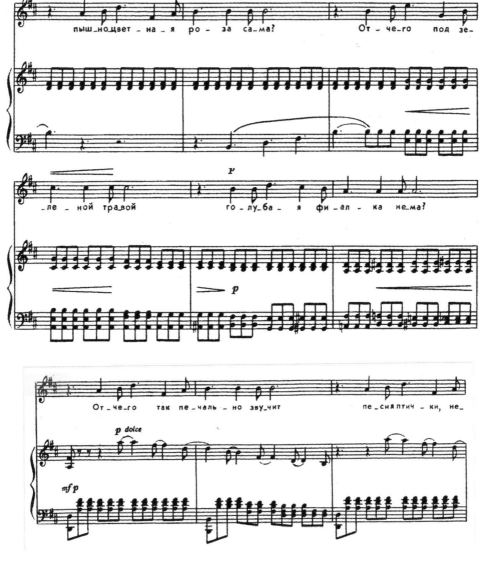

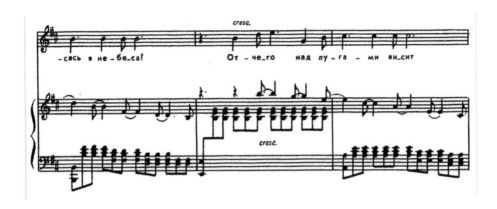

　歌のパートは、2小節ずつのフレーズで繰り返されますが、伴奏は、半音階（9小節目）、明るく燦々とした長調、時には簡素な、時には濃密な音型で、徐々に緊張感を増し、クライマックスへと導いていきます。3小節目から出てくる低音（バス）は18小節目に入ると、最初は半小節で、やがて4分の1小節ごとに、動きがついてきます。クライマックスの前では、テンポが速くなり緊張感が増しますが、伴奏はまるまる4小節、一つだけのハーモニーが続きます。バスに重々しいシンコペーションが登場、ゆったりとした大きな動きへと変わります。右手の和音は、48回も繰り返されます！

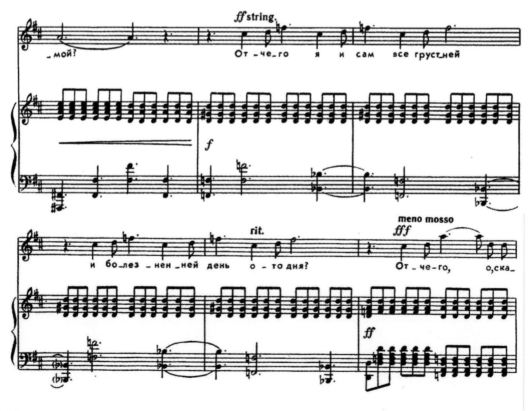

30小節目にクライマックスが来ます。伴奏は ff、歌のパートは f が3つです。ここで伴奏ピアノは、音の強さに気をつけねばなりません。和音連打の分厚い伴奏ですから、歌い手にプレッシャーをかけぬよう、ヒステリックな歌い方にならぬよう、程度をわきまえた ff でなければなりません。リズムを刻む8分音符は、深く、緊張感をもって、でも柔らかく。重要なのは、ロマンスの歌詞のクライマックスが、2小節あとの「私を忘れてしまったの?」の部分であるということです。歌のメロディーラインが低音域へと下がるので、それに従い伴奏の和音も軽くし、大切な言葉を歌うソリストをかき消さぬよう注意します。曲は、歌の最後の音符で終わるわけではありません。ピアノの後奏で、再びロマンスの最初のフレーズが現れます。長調と短調が交互に現れ、8分音符の動きがここで止まり、絶望に凍りつきます。8分音符の動きが、ここで初めて止まります。

(1869г.)

最後の4小節の長い和音は、高音を支えにしながら動きを意識し、最後にゆっくりと、溶けて消えるように音楽を終えます。悲劇の音楽ですが、最後のハーモニーは明るい長調。後奏はテンポを緩めず、最後のアルペジオだけ、フェルマータでゆったりと。伴奏者は、音楽の立ち止まる部分と動きをつける部分のバランスを考え、後奏がただの"おまけ"にならないように気をつけます。

　前述の、シューベルトの「糸を紡ぐグレートヒェン」を見てみましょう。

　ピアノの最初の一音から、糸を紡ぐ音が聞こえてきます。最初は、落ち着いた同じ動きで、グレートヒェンは糸を紡ぎながら歌を歌っています。2番に入ると、グレートヒェンは愛しい男性を思い出し、糸を紡ぐ手がだんだん休みがちになります。伴奏パート左手の脈動が失せ、右手の16分音符のハーモニーが広くなっていきます。動きがよりゆったりとなり、気持ちの変化を表現しながら、歌と一緒に音楽を盛り上げていきます。

そしてクライマックスへ。恋人との口づけの思い出です。伴奏はスフォルツァンドの後のフェルマータで止まります。歌の最後の音をしっかりと聞きます。その後、ピアノに途切れがちのフレーズが現れます。ヒロインはまだ胸がときめき、すぐには仕事へと戻れない、そんな様子を表現しています。伴奏ピアノはその気持ちを伝えながら、徐々に最初のテンポへと戻っていきます。ここの音色は、ひっそりとした感じで、ちょっと悲しげに。

歌が終わっても、糸紡ぎ機はしばらく動き続けています。ピアノの最後の数小節は、ソフトに、とても丁寧に。テンポは落とさず、そして最後は急停止にならないように。グレートヒェンが物思いにふけり、糸紡ぎの手が止まってしまった…という感じでしょうか。ステージの出演者が二人ではなく、一人だけ、という雰囲気が創れるといいですね。

中田喜直作曲のかわいらしい作品「たんぽぽ」。伴奏の16分音符の絶え間ない動きは、軽くふわふわとした綿毛が舞う様子を表わしています。伴奏者は最初の一音から、正しい音色と動きをつくらねばなりません。右手の高声部にメロディーが登場したら、それを少し強調し、歌うように奏でます。その際、16分音符の明瞭さを損なわぬように。この歌は伴奏頼り、と言っても過言ではないと思います。

もう一つの花の歌、團伊玖磨作曲「紫陽花」。伴奏パートは大きく展開され、ドラマチックで、主人公の情感がたっぷりと込められています。前奏は、明るく、激しく、華麗に咲き誇るアジサイの花を思い起こさせます。しかし4小節目の終わりで音楽はいったん物静かになって立ち止まります。まるで、花から人へ、感情が移るかのようです。優しく、危うい感じで反復される楽句は、問いかけと答えのようです。メロディーが始まると、伴奏は、歌と対話をしているように流れます。そして、メロディーが半音階で下降したところ、短い4分の2拍子の小節で、ピアノパートは動きを増し、左手の16分音符は上へ、前へと流れます。

歌が終わっても、伴奏は、付点付きの短い二つのフレーズが音楽を継ぎ、クライマックスへとつなげていきます。その後、再び脈打つ音型となり、伴奏と声の対話が続いていきます。右手のアクセント記号付きの音の反復は、歌を真似て繰り返されます。ハーモニーが下へ向かうところで一度静まりますが、左手に再び16分音符が現れ、それが最後のクライマックスです。

　この曲の場合、歌の終わりは高音ではありません。たっぷりの感情や緊張感は、ピアノの後奏に託されています！　後奏の出だしは前奏と同じですが、3小節目の終わりに一気に高みへと駆け上がり、華々しい和音で終わります。前奏を弾き始める時、後奏に似通ったピアノソロが再現されることを念頭に置き、音色や感情の盛り込み方を変化させる工夫が必要になります。

　シューマンの「献呈」(Schumann Widmung)。曲のタイトルが、歌の性格を表わしています。熱い思い、激しさと同時に、温かさと優しさがあります。激しさを表現するのはピアノで、まるで歌に流れ込むようなエネルギーです。両手にレガートがあり、しっかりとハーモニーで動きをつけますが、絶対に音が重たくなってはなりません。付点のリズムをはっきりと弾くこと

で、勢いとエネルギーをつけることができます。歌が入ったところで伴奏は音量を加減しますが、エネルギーはキープしたままで。その後、ピアノは歌と一緒に動いていきます。5小節目と8小節目の「Schmerz」と「Grab」の歌詞でハーモニーを少し深く弾き込むと、ソリストが言葉の意味を強調しやすくなるはずです。

　メロディーが中音域に下がる箇所では、ソリストが固くならず歌えるよう、伴奏者は特に注意する必要があります。中間部に入る前で、リテヌートとデミニュエンドをしっかりと計算しましょう。より落ち着きのある動きで、フィーリングや調性の変化など、音楽をスムーズにつなげる大切な役目があります。ゆっくりにするときには、新しいテンポと結びつくように。急に落としてしまうと、あとで慌ててテンポを戻すことになってしまいます。テンポの減速はほどほどに、p は一つ、それ以上小さくしないように。そうすれば、歌が優しく、柔らかく入って来られるはずです。

　次の中間部は、落ち着いたなだらかな音楽で、ここでは別の技法が必要になります。歌は、中音域の弱音で、2分音符や全音符など、長い音で流れます。ピアノ伴奏は、歌と同じように長く朗々と奏でる左手を軸にします。左手の内声部は、少し抑揚をつけて弾き、歌のパートの長い音を補います。右手の繰り返される和音は、心がけて丁寧に。和音の連続でソリストの声をかき消してしまいかねません。

　そして再び感情が高まり、最後の3つの和音で歌と一緒に元の調性と音型に戻ります。ただし、音楽的な性格は、中間部のものです。

伴奏ピアノの右手は声のパートと完全に一致しますので、ピアノはできるだけレガートで、ニュアンスを正確に弾かねばなりません。フレーズは終わりますが、ピアノは、1小節かけて「アテンポ」の準備をします。ここからまた、エネルギーと勢いにのります。

　クライマックス部分の和音は広く、感極まるように。手が小さい方の場合、最初の2つの和音はアルペジオにしても構いませんが、ばらばらにならないように、できるだけコンパクトにまとめ、しっとりと柔らかく華麗に弾き、雰囲気を壊さぬようにします。そして輝かしいクライマックスの後に、予期せぬ見事な後奏が現れます。アヴェ・マリアを思わせる祈りの音楽を、シューマンは、ピアノパートに託しているのです！

　後奏のこの二つのフレーズは、心を込めて、表現たっぷりに演奏します。テンポダウンは、最小限にとどめます。終わりはディミヌエンドですが、ぼやけてしまわないように。最初の音型に戻り、高揚感のある荘厳な「献呈」として終わります。

　まったく異なる伴奏の例として、ロッシーニの「スペインのカンツォネッタ」（Canzonetta spagnuola）。ピアノパートは極めて初歩的で、初見でも問題なく弾けるはずです。ところが…。

　3回繰り返される間、動きはどんどん速くなります。テンポの変化をリードするのは、ピアノ伴奏です。指揮者になったつもりで、繰り返される2回のテンポを最初にしっかりとイメージして弾き始め、次第に速度を上げていきます。

ず演奏し、2回目のアレグロは、弾きやすい通常の動きで。そして3回目のプレストでは、しっかりと勢いをつけて。言葉では簡単ですが、テンポの変化を計算することは、たやすくはありません。最初にゆっくりし過ぎてしまうと、重々しくなってしまい、踊りの要素が消えてしまいます。また、3回目にあまり速くし過ぎてしまうと、ソリストが細かい音を拾えなくなってしまいます。

リハーサルの時に、ソリストのテンポをしっかり覚え込み、それを基に練習をします。自分で歌いながら伴奏を弾き、テンポを自信が持てるまで確実に覚え込んでおきます。ピアノ伴奏は、弾力性を持って、はっきりと。和音はコンパクトに、ゆるぎないリズムで、テンポの動かし方を計算しながら。そうすればソリストも歌いやすいはずですし、聞き手にも、とめどない踊りの雰囲気が伝わります。

　ビゼーのオペラ「カルメン」の「ジプシーの歌」の伴奏も、同じことが言えます。

　もう一つ、とても表現豊かな伴奏の例が、R. シュトラウスの「8つの歌」より「万霊節」(R.Strauss, Allerseelen)。声楽パートとピアノ伴奏パートが、切っても切り離せない、顕著な曲の一つです。声とピアノが「合奏」することで、イメージがわき、形式ができ上がります。楽譜を見ると、声楽のメロディーが伴奏ピアノに編み込まれているような印象を受けます。ソロと伴奏が同等である、理想的な構図です。そして実際、ピアノのパートをとても表現豊かに演奏すれば、すばらしいピアノソロ曲にもなりそうです（声楽パートは、そうとは言えません…）。ピアノパートは、右手と左手が別々に存在し、それぞれが独自に表現をしているようです。それは、まったく異なるかかり方をしているスラーを見てもわかります。左手の最初のアルペジオはできるだけレガートで、一つずつの音を丁寧に歌わせます。分散したハーモニーと思わず、うねる波のイメージです。前奏は、とても優しい下降のメロディーで始まります。最初のフレーズは p ですが発音ははっきりと。5 小節目のアウフタクトで始まる二つ目のフレーズは、気持ちが高まりながらも、同じニュアンスのままで、そして下へ戻りながら、メロディーをとらえます。

次の部分でピアノパートは声のパートに従属し、ぴったりと、一緒に動きます。11 小節目の伴奏は、ソリストの長い音をベースにハーモニーを奏で、静まりながら、*pp* の次の小節の優しい音色につなげます。細やかなニュアンス付けこそ、ともに息づく理想のアンサンブルになるのです。

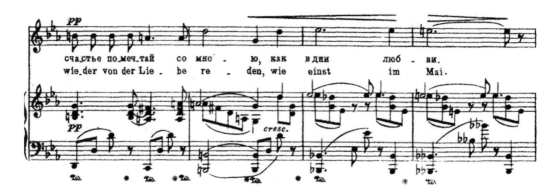

次の 4 小節、メロディーと伴奏が重なり合って盛り上がっていきます。しかし、声の方は、ここで突然立ち止まり、クライマックスの山へはピアノだけが、メロディーを続けながら登りつめます。その次のエピソードは *p* の短調。右手のハーモニーはできるだけ丁寧に。このエピソードの 6 小節目に、*pp* が出てきます。ハーモニーに、新たな音色が加わります。左手の 1 拍目の 8 分音符と休符はとても大切で、歌が上へと駆け上がるサポートをします。柔らかく、緊張感のある和音で、ソリストを支えましょう。

ピアノは、流れるように最初の主題へと戻ります。主題は声と一緒に上昇しながら気持ちを高めていきますが、音は強めないように、気持ちで盛り上がるようにします。*ff* の後の小節では、再びソロパートと伴奏パートが一緒になりますが、メロディーが突然途絶えます。まる

で立ち止まって物思いにふけっているかのように。その"間"を、ピアノが埋めるように、メロディーの起伏を描きます。間奏の2小節を徐々に落ち着かせ、8分音符の動きを止めるアルペジオの2つの和音は、考え込むような感じにして、ソリストにフレーズのバトンを渡します。

　後奏では、数オクターブでさざめく音の波が、何とも物悲しいハーモニーへと続きます。メロディーのフレーズは右手にありますが、これは染み入るように、痛みを込めて弾きます。ただし、あまり静かにしてしまうと、終わりから2小節目にあるディミニュエンドができなくなりますので、注意します。最後のハーモニーもゆっくりにならぬように。メロディーは上に向かっていますので、消えてなくなる、というよりは明るさを増し、希望をもって終わるイメージです。

　このように、伴奏パートは声楽パートに寄り添いながら、そのハーモニーを飾ります。時には表に立ちながらも、あくまでも伴奏として、ソリストのサポートに徹します。

ラフマニノフの「ヴォカリーズ」(Rachmaninov Vokalise)。

　何とも美しいメロディーは、実はとても演奏が難しいです。高音のテッシトゥーラは、特に冒頭で、p のニュアンスをキープし続けなければなりません。小節の枠を超えて大きくつながるレガート、広々としたフレーズは、長い呼吸を必要とします。歌詞がないこの曲は、ある意味、演奏をより難しくします。歌詞があれば、言葉を発音することで作品の内容や意味が伝えやすいのですが、他方、歌詞がないと、ソリストは、スラーの切れ間であれば、どこでもブレスができる、ということにもなります。言い方を変えると、スラーが、歌詞の役目を果たしている、ということになります。ピアノの伴奏パートは、ポリフォニックではありますが、独自に成り立つものではありません。伴奏だけを聞くと、まとまりが悪い、メロディーが足りない、という印象になってしまいます。つまり、この曲の場合は、純然たる「伴奏」なのです。ただ、複雑な音型で流れる伴奏は、ソロと同等のパートナーです。伴奏の8分音符が、ロマンスの動き、脈拍となります。曲のテンポと特徴を貫きながら、柔軟に、生き生きとした心臓の鼓動のような動きを伴奏がつけます。歌の流れに伴い、時にはスローダウン、時にはスピードアップしながら、自由に、自然に。思いがけない場所でソリストがブレスを入れても、伴奏者は、それにつられて止まったり、強調してはなりません。

　難しい要素は、出だしにもあります。前奏がありませんので、ソリストが準備できているかをしっかり確認し、待ち過ぎずに始めましょう。じらし過ぎると余計な緊張感が生じてしまいます。最初の8分音符の3和音は、ソフトなピアノで。次の音からは左手がメロディーをなぞるので、はっきり、しっかりと。チェロと歌手が二重唱（デュエット）しているイメージです。

　小さく書かれている1拍目の和音は、繰り返し後に弾きます。次の、右手にある8分音符の連打は、ソリストが長い音を伸ばしやすいように、脈打つように弾きます。ソリストの長音の「隙間」を補うイメージです。メロディーが下降する小節では、ソリストの声が固くならぬよ

う配慮して、ピアノの音を心持ち柔らかくします。ピアノパートの7小節目に、内声が現れます。まるで、ここで他の楽器が加わってポリフォニーを紡ぎ始めるようです。ピアノの各声部は、声としっかり掛け合い、ソロのニュアンスやフィーリングのメリハリに同調し、同等のパートナーとして常に寄り添います。

ヴォカリーズは、2回の繰り返しとコーダから成り立っています。ただし、まったく同じ2回の繰り返しではなく、終わり方が違います。もちろん、繰り返しをつけて演奏することが望ましいのですが、時には、ソリストの体調や時間の調整で、繰り返し歌わない場合もあります。これはとても残念です！ 歌詞がないため、同じメロディーを繰り返しながら、ニュアンスやアーティキュレーション、音色、フィーリング、イメージなどを変化させて、歌い、それが得も言われぬ面白さにつながります。そして、大きな作品として形を整える醍醐味もあります。もし時間が限られているのなら、別のロマンスにする選択もあると思います。

　繰り返し前の1カッコで、ピアノ伴奏は、よりひっそりとした音をつけ、2カッコへと移った時の、左手の短い3音のモチーフを、その先の、感情たっぷりの音楽へ進むきっかけとします。

伴奏パートの内声は、ヴォカリーズを少し前へと押し出す感じです。クライマックス部分にある長音は、細かい音で空間を埋めます。ピアニストは、しっかりとした音を心がけますが、ヴォカリーズの低音部の時には、少し音色を柔らかくします。ただし、エネルギーは保ったままで。繰り返す場合は、クライマックスが先にあることを計算して、盛り上げ方や変化のつけ方、メリハリを考えます。繰り返し後、2回目の10小節では、左手の動きが重要です。ここから、音楽は穏やかになり、コーダへとつなげます。ここでは、ピアノと声が役目を交代し、ピアノがヴォカリーズの最初のメロディーを歌います。ピアノ奏者は、「自分の声で」、感情を込めて歌いましょう。ソリストの声が低音域でそっと加わり、徐々に膨らみ、再び主役になっていきます。

　ソリストにとって緊張を強いられるのが、高音へ移る時です。伴奏者に求められるのは、タイミング、ニュアンス、音色を、声のラインとぴったり合わせること。8分音符の動きでブレーキをかけたり、流れを止めないように気をつけましょう。

　歌の最後の音の長さはソリスト次第です。伴奏はここで立ち止まりますが、音楽が終わった

わけではありません！ 左手には、第1小節目に登場した音のラインが続いています。音楽は、遠くを見つめる憂いのまなざしのような符点付きの4度の音型で終わります。8分音符の拍が、次第に動きを止めていきます。最後の音はできるだけ静かに終わりたいところですが、あまり意識しすぎると、音がかすれてしまうことも…。3度を、静寂に浮かばせるように残響を意識すると、音楽は自然に終着します。

　歌詞がないヴォカリーズは、さまざまな国の歌手がレパートリーに入れる人気の作品となり、楽器のための編曲もあります。中でも知られているのは、チェロのための編曲で、ヴァイオリン奏者もこの編曲譜を使います。弦楽器による演奏の場合、歌と比べ、高音域やブレスなどの技術的問題はありません。ですから、テンポをもっと遅くしたり、クライマックスを鮮明に、パワフルにすることもできます。おそらく、楽器の伴奏の方が簡単に思われますが、テンポや動き、ニュアンスなどの変化が多くなることは覚悟しておいた方が良いでしょう。チェロ用編曲はホ短調。弦楽器の音色がとても美しく響く調性です。声楽用オリジナルとは違う調性ですので、練習で見直す必要があります。

　ヴォカリーズの例でも顕著ですが、伴奏の左手が担う役目は、大変重要です。底辺となるバスが奏でるメロディーを、ダイナミクスと抑揚を工夫して弾くと、その他のすべての構成部分をつなげやすくなります。

　顕著な例が、シューベルトの「さすらい人」です（楽譜は次ページ）。

　バスのラインをしっかり感じるためには、バスの音だけをピックアップし、よりシンプルな形で速めのテンポで弾いてみることをお勧めします。このように、幅の広い音型を縮めて速く弾くと、全体的な構図がつかみやすくなります。建物や絵を遠く離れてみることで全体像がつかめるような感覚です。

　バスは、ハーモニーというピラミッドの底辺、基盤です。楽譜を縦に見ても、バスはソロパートからは「遠い距離」にあるので、バスを深く、明確に弾いてもソロをかき消すことはありません。さらに左手は、曲のリズム、拍、特徴を形づけます。多くの場合に言えることですが、左手だけをソロのパートと弾いても、伴奏として成り立つものです。同じことを右手だけで試してみると、そうはいきません。リズムもあやふやになってしまいがちです。ですので、伴奏は、左手を支えに、右手は少し軽めに心がければよいと思います。

　左手が支えとなる良い例が、シューベルトの「音楽に寄せて」(Schubert, An die Musik) です。
拍を刻む右手の８分音符は、曲の間ずっと続きます。左手は、声のパートと掛け合いながら、
表現たっぷり、厳かに語りかけます。

　ピアノと歌の二重奏は続きますが、毎回歌い始めるのは、ピアノのパートです。左手は柔ら
かく、高尚に、すばらしい声色のバリトン歌手のように。

伴奏は、一見簡単なようですが、右手の音の粒をそろえ、ペダルを最小限にして左手を歌わせることは、決して簡単ではないはずです。透明感のある真心のこもった音色が望ましいですね。

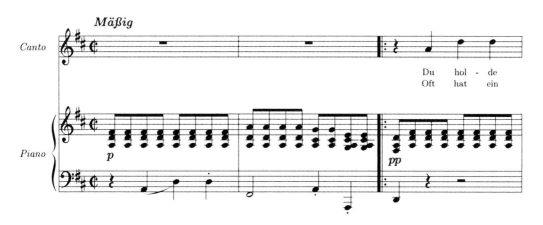

中田喜直作曲の「霧と話した」は、とてもデリケートで深い情感たっぷりの伴奏が求められます。右手の柔らかく揺れる8分音符は、ぼんやりとした霧をイメージさせます。左手は、歌声との対話が続きます。このような役割分担は前奏から始まっていて、歌を通して続きます。右手のパートは、声のパートと一致し、バスは単独で動きます。音楽は朗々と流れ、高音へ移行する部分は、まるでこだまのようです。二回目になると、左手には、バスの他に、声とデュエットする「溜息」のモチーフが第3オクターブに出てきます。クライマックス後の間奏では、右手はメロディーを語り終え、だんだん静かに落ち着いていきます。しかし、4拍目の小節で声が入ってくると、左手の8分音符の上昇音型は、答えを待つ問いかけのように、出だしへと戻っていきます。後奏部になると、右手の8分音符は動きが止まり、左手に再び上昇音型があります。しかしここは先ほどと違い、すべてを語りつくしました。ピリオドを打ちましょう。

　次に、伴奏にすべての要素が込められている例を見てみましょう。つまり、ピアニストに「併奏」、「伴奏」、そして「ソロ」の、すべてを求める作品です。

　ブラームスの「4つの歌」より「永遠の愛について」（Von ewiger Liebe）は、深く、心に染み入るような作品です。ジェラルド・ムーアも、この曲について表現豊かに語っています。伴奏者に求められるのは、純真さと真心です。前奏は、p の指示がありますが、深い音で、後

に出てくる歌のラインを予兆する左手パートを支えにします。しっかりと厳かな音色で、暗め
のイメージにすると、ソリストが最初に低音域で発する言葉「Dunkel」(暗い)につながります。

　歌が入ると、ピアノは一歩引きます。右手はできるだけレガートで、すべての休符を補うよ
うに弾くと、長い無限のラインでつなげることができます。1番の後の間奏は前奏と同じです
が、雰囲気はロマンスの始めに戻るのではなく、逆に、暗くならぬよう前へと動かし、2番へ
とつなげていきます。次の間奏部はもっと鮮明に、終わりをクレッシェンドでふくらませ、次
のエピソードの準備をします。伴奏部分に現れる新しい音型は、不安な気持ちを表現していま
す。ここでも要となるのは、声と掛け合う左手です。右手の3連符は、重々しくならぬように
軽い音を心がけますが、元気にエネルギーを込めて。音量と緊張を増しながらクライマックス

へと上り詰めます。ここの盛り上がりを、ブラームスはピアノに託しています！ 声のパート
を引き継いで盛り上げる大きなピアノソロの語り部分は、伸び伸びと、情熱を込めて、ただし
うるさすぎないように。左手パートは、まるで二人の人物の対話です。終盤に向けて音楽は落
ち着き、ゆっくりになっていきますが、動きが止まらぬように注意します。

　伴奏が気をつけなければならないのは、デミニュエンドを加減して、転調の前の小節で、そ
の先の変化を暗示することです。音楽が広がっていくとテンポは緩み、内に秘めたような音色
になっていきます。そして明るい長調へと気分も変わりますが、その変容も、伴奏ピアノに任
されています。ここでの広げ方は非常に大切です。右手のパートをだんだん静め、次のゆった
りとしたエピソードへとつなげます。このように、曲の統一感を保つ工夫が求められます。伴
奏パートに、さらに別の、揺れるような動き、落ち着いて穏やかな音型が出てきます。3連符
をそろえながら、左手の8分休符で、内に秘めた不安を表現します。

　音楽は次第に膨らんで、3連符が、まるで会話をしているかのように、二つの音域に現れます。
最後の盛り上がりははっきり、決然と。大きなクライマックスに来ると、ソリストにはパワー
が必要です。伴奏ピアノはソリストを支えなければなりません。
　クライマックスでは、不揃いなリズムが小節の枠を越えて、自由に広々と響きます。正確に、
そして自然に声と合致するために、最初は、自分でソリストのパートを歌いながら左手だけを
弾き、次に、同様に歌いながら、今度は伴奏パートすべてを弾くことをお勧めします。ソリス
トは、長い音の間に、ピアノの右手の8分音符がゆっくりになっていく動きを感じるはずです。
ロマンスの終わりから2小節前の2拍目で、歌とピアノの両パートを、しっかり合わせるよう
にしましょう。

gehn, un_se_re Lie_be, un_se_re Lie_be muß

e_wig,e__wig be_stehn!"

　メロディーの1オクターブ上で入る後奏は、ソリストの声をかき消さないように気をつけながら、鮮明に、鋭く。8分音符の下降部で、伴奏ピアノは、ソリストに同意するように。高音よりも音は少なくしますが、弱々しくなりすぎないよう、感情と緊張感が緩まないように気をつけます。最後の和音は、p の表示ですが、音はたっぷり出しましょう。

　この曲で伴奏ピアニストに求められるのは、想像力、豊かな感情表現、多様な音色、そして先々を見越すテンポの取り方、繊細さと柔軟性です。

　シューマンのクラリネット（チェロ）とピアノのための3つの幻想的小品 (Schumann, Drei Fantasiestücke Op.73)。つながり合う3つの小品からなります。ソロの楽器とピアノ伴奏は、互いのパートにまるで編み込まれているようで、どちらを欠いても成り立ちません。最初の一音から、2人の登場人物の会話をイメージします。第1曲は、のんびりとしたおしゃべりで、ピアノが語り始めます。1小節目で、この先何を話そうか？と問いかけているようです。ソリストも会話に加わり、ピアノのフレーズを継いで語ります。

第2曲は、複雑なリズムを伴う動きのある音楽です。

　右手の8分音符は、ソリストパートの響きに合わせて、バラつかないようにそろえます。難題は、メロディーと3連符を片手で弾かねばならないことです。3連符は軽く、メロディーはレガートでつなげます。共演する楽器が互いの考えを読み合い、クライマックスの小節で音色

をきっちりとそろえます。中間部では、二つの楽器の3連符の動きを合わせることで、統一感が出ます。ピアノの音色を、ソロ楽器に合わせるよう心がけましょう。

　第3曲は、広々としたメロディーで、テンポが速く明るい、わくわくする音楽です。熱く語り合っているようなイメージです。ソロ楽器から始まり、ピアノはそこに、飛び込んでくる感じ。ソリストのアウフタクトを聞き逃さぬように。ここでも、自分で伴奏しながら歌えるようになっておくことが重要です。

III.

上昇する8分音符（5、9、24小節目など）は、静かに始め、勢いよくクレッシェンドをつけます。ハーモニーの1拍目が共演者とぴったりとそろうように注意します。中間部で、左手はソロパートと平行に動きます。呼吸を合わせながら、二つの音色を重ねます。そして、徐々に速度を増しながらコーダへ。ピアノは、ハーモニーを併奏しながら、左手にある長音の動きで、加速が均等になるようリードします。右手の16分音符は、エネルギッシュに、重たくならないように。

　両手にあるスフォルツァンドは、はっきりと、コンパクトに。アクセントとスフォルツァンドを区別しましょう。90小節目の2拍目のスフォルツァンドがクライマックスの頂点です。ここで、ソロ楽器と息がぴったり合うようにします。最後の数小節、テンポは速いのですが、加速はしないようにして、16分音符が、メロディーの展開となるようにきっちりと発音します。ソリストと一緒の最後の和音、ニュアンスは *f* 一つです。アクセントが入らぬよう、明るく気高く。ソロパートの最後の1音はオクターブ下ですので、ピアノの和音がそれをかき消さないようにします。ソリストの1音を、このハーモニーの頂上と考えます。

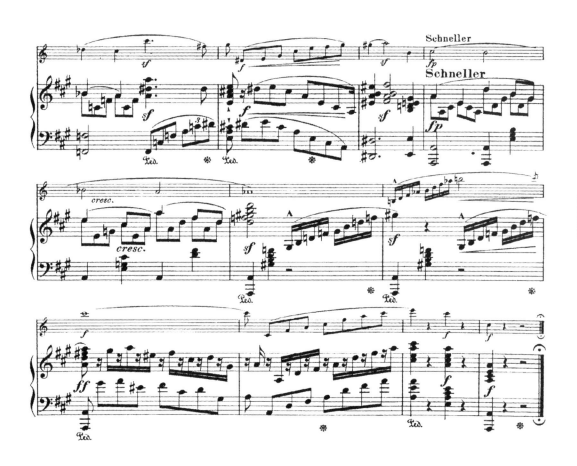

　3曲とも、ロマンチシズムと美、自由にあふれています。ソロ楽器と伴奏ピアノが、繊細な
ニュアンスとテンポの揺れをしっかりと合わせます。クラリネットやチェロは、それぞれ音色
に特徴があります。クラリネットはとても軽い p で消えることができ、チェロはクライマッ
クスで明るく響かせることができます。言うまでもなく、音のアタッカも異なります。その違
いは、とりわけ、スフォルツァンドとアクセントの時に顕著です。忘れてならないのは、クラ
リネットの場合、呼吸の長さと限界です。同じ曲を異なる楽器と共演するときには、それぞれ
の楽器の音の出し方と、音色のグラデーションを念頭に置かねばなりません。

　伴奏者にとって極めて大切なことの一つが、楽器や声の音域です。声楽家の場合、高音に比
べ、極端な低音は鮮明には出しにくい。逆にハイトーンは、声帯に大きな負担と負荷がかかり
ます。さらに、どの声域にも必ず、声が割れがちとなる「変わり目の音」が、2、3あります。
頭の共鳴腔を使う高音域へ移る場合で、障害を乗り越える感じで声を出します。声楽家はこの
変わり目の音」にとりわけ神経を払いますので、伴奏者もなおさら敏感に反応しなければなり

ません。もちろん、声域は人それぞれです。信じられないほどの高音が出たり、3オクターブもの広い声域を持つソリストもいます。伴奏者は、まず、最も使う「平常の」声域を念頭におきます。普通その音域は、2から2オクターブ半で、「変わり目の音」はおおよそ「下から3分の2、上から3分の1」の地点にあります。

　さて、まずソプラノ歌手の場合。一言でソプラノと言っても、軽いコロラトゥーラからドラマティック・ソプラノまで、声の特徴はさまざまです。通常、コロラトゥーラ・ソプラノの場合、高音の上限は第3オクターブの「ファ」（最も有名なのは、モーツァルトのオペラ「魔笛」の「夜の女王のアリア」でしょう）。ドラマティック・ソプラノの場合は、第2オクターブの「シ」か「ド」。そして低限は、高音ソプラノの場合第1オクターブの「ド」で、より低い声域のソプラノの場合は「シ」か「ラ」になります。メロディーが第1オクターブの低音へと下がるとき、伴奏は、声を覆ってしまわないように、柔らかく、そっと弾かねばなりません。ハイトーンの時も、伴奏のサポートは欠かせません。時には、少し音の間を広げ、自由に呼吸しながら高音へ移るための時間を作ります。また時には逆に、ソリストを高く押し上げる感じで、少し前へと動きをつけます。踏み台となって、跳躍をサポートするわけです。いずれにしても、伴奏が無関心に弾き進めてはなりません。前述の「変わり目の音」は、ソプラノの場合、おおよそ第2オクターブの「ミ」「ファ」あたりにあります。もちろん個人差はあります。先ほどの計算では、第1オクターブの「ド」から第3オクターブの「ド」「レ」あたりまでを平常声域としますと、第2オクターブ「ミ」「ファ」が下限から3分の2、上限から3分の1に当たります。

　メゾ・ソプラノの声域の低限は、第1オクターブの一つ下のオクターブの「ファ」「ソ」から第2オクターブの「ラ」「シ♭」あたりです。もっとも難しいとされるハイトーン「ド♭」が、ヴェルディのオペラ「ドン・カルロ」の「エーボリ姫のアリア」に出てきます。
　メゾ・ソプラノ、特にコントラアルトの低音は、とてもしっとりと濃密に響くので、伴奏者は特に心配することはありませんが、第2オクターブの「シ♭」「ド」あたりに来る「変わり目の音」では、ソリストはナーバスになりがちです。伴奏者も用心しましょう。

　男性の声の場合、特に注意が必要なのは、テノールの高音です。ハイトーンはテノール歌手にとって、聴かせどころであるとともに難所でもありますので、当然不安がつきものです。伴奏者のサポートは欠かせません。テノールの声域で、一番高い音は、第2オクターブの「ド」（ドニゼッティのオペラ「連隊の娘」の「トニオのアリア」で、軽いヴィルトゥオーゾな声を要します）。プッチーニのオペラ「トスカ」の「カヴァラドッシのアリア」や、「トゥーランドット」

の「カレフのアリア」、ビゼーのオペラ「カルメン」の「ホセのアリア」などは、テノール歌手の聴かせどころです。

　バス歌手の伴奏の場合は、声域の最低音、第1オクターブの2つ下のオクターブの「ソ」や「ファ」です。たとえば、モーツァルト「魔笛」の「ザラストロのアリア」、ボロディンのオペラ「イーゴリ公」の「コンチャックのアリア」、チャイコフスキーのオペラ「エフゲニー・オネーギン」の「グレーミン公のアリア」。最後の音は長い「ソ♭」ですが、これらの低音は、コントラバスを思わせる"地響"の声です。伴奏ピアノも、深い音色が必要になります。

　声域への配慮が必要なのは、特にアリアの伴奏です。歌やロマンスの場合、室内楽の形式上、飛びぬけたハイトーンは求められないことが多いのです。さらに、最良の響きとなるように、曲を変調することも可能です。もちろん、楽器との共演の場合も、音域の特性については考慮しなければなりませんが、声域に比べると、それほど重要とはなりません。声は生身の人間が発するものですから、無理をすると、崩れてしまうことも…。他方で、楽器の音域には限界があり、それは奏者の技量ではどうにもなりません。ヴァイオリンは第1オクターブの一つ下のオクターブの「ソ」より下の音は出ませんし、チェロの低限は第1オクターブの2つ下のオクターブの「ド」です。伴奏者は、楽器や声が発する低い音をかき消さぬよう、しっかり耳を傾け、最大限の注意を払わねばなりません。フルートの低音限界である第1オクターブの「ド」の前の数音は、とても柔らかく、籠ったように響きます。曲が f の低音で終わる場合には、伴奏ピアノは特に音量に注意しながら、エネルギーと気持ちを込めて弾きます。

　さていよいよ、伴奏におけるもっとも重要なテーマに移りましょう。バランスです！

06…バランス

　ステージで2人以上の奏者が一緒に音楽を奏でる場合、必然的に音色のバランスの問題が生じます。共演における最も大切な要素の一つです。ソナタや三重奏（トリオ）、四重奏（カルテット）など室内楽では、各奏者が、楽器の音色のバランスに責任を負わねばなりません。しかし、単独（ソロ）の伴奏の場合は、バランスの責任はすべて、ピアニストにゆだねられます。「脇役」に徹しながら、ソリストの音色やホールの音響の特徴を考慮して、バランスを調整していかねばなりません。

　では、ソリストと伴奏者のバランスを、どのように考えればよいでしょうか？
　"さじ加減"は、伴奏ピアニストによってさまざまだと、私は思います。言葉では説明しづらく、数多くの奏者との共演やホールでの経験を重ねて、徐々に身についてくるのです。自分の耳と記憶力を頼りに、つかんでいく感性です。

　もちろん、最初は先生のアドバイスやバランスの指示が必要です。リハーサルを録音し、聞いて、自分で分析し、結論を導き出すことも、とても有益です。共演者の音を聞き、バランス具合を常に意識しましょう。おのずと耳が研ぎ澄まされてきます。

　ソリストと伴奏者の「音の距離」は、どれぐらいが良いのでしょうか？
　伴奏者が、自分の演奏に夢中になり、ソリストの音が耳に入って来なかったり、ピアノがソリストの音をかき消したり、ソリストに余計な緊張を与えてしまったら…これはもう、バランス以前の問題です。「私の音は大きすぎないかしら？」と、常に自問自答しましょう。凝縮された音型の場合、ピアノの音はどうしてもはっきり大きく響いてしまいます。ピアノの音が巨大な高波となってソリストに襲いかかり、飲み込んでしまう…。恐ろしいですね！　絶対にしてはなりません！

　逆に、伴奏をしながらソリストの音しか聞こえてこない場合…それはソリストと伴奏者の距離が"遠すぎる"ということ。これではソリストのサポートもできませんし、共演とも呼べません。ただ一緒にいるだけ、録音テープでも用は足りる、ということになってしまいます。伴奏者は、自分のパートとソリストのパートをしっかり聞き分け、ソリストが最良と感じる"あ

んばい”を見つけなければなりません。ジェラルド・ムーアは、「ピアノパート“越しに”ソリストパートを聞き取る」という表現をしています。バランスの考え方を、大変正確に言い表していると思います。まさにそのように考えると、ピアノとソロ楽器、あるいは声とのバランスをコントロールできるはずです。歌の場合には、さまざまな言語の特徴も考慮しなければなりません。

　感じ方は、人それぞれです。ピアノ伴奏の音は、同等が良い、というソリストもいれば、ソロパートをはっきりと際立たせ、その背景として伴奏を聞きたい、というソリストもいます。いずれにしても大切なことは、両方のパートをしっかりと聞き取ることです。

　感じ方は千差万別でも、一度バランスを決めたら、それを変えず、二つのパートが常に平行に動いていくことが重要です。平行、と言っても、伴奏パートはソロパートに従うべきなので、「横に平行」ではなくて、「縦に平行」が理想的です。距離感を一定に保つ、ということですね。クライマックスへの導入部分で、特にそれが大切になってきます。楽譜にクライマックスへ向けてのクレッシェンドが現れたら、ピアノはソリストにやや遅れてクレッシェンドを始め、デミニュエンドの場合は、その逆にします。そうすると、二つのパートは平行なまま、ピアノとソロの距離が縮まることはありません。

　伴奏パートは、単純明快なこともあれば、複雑で濃密な場合もありますが、音型によってバランスが崩れてはなりません。
　それから、共演するソリストの「容量」も考慮する必要があります。室内楽向けの軽い声のソリスト、オペラ向きのパワフルな声のソリスト、あるいは、フルートやオーボエ、トランペットなど、共に奏でる相手はさまざまです。二重奏、三重奏、またはヴァイオリンアンサンブル、100人の合唱団との共演など、対する共演者は内容も人数もその時々違います。ソリストの音の強さと鮮明さ次第で、伴奏ピアノは音のレベルやグラデーションを変化させます。

　先日、オカリナと共演する機会がありました。オカリナは、とても優しい、静かで繊細な音色の楽器です。オカリナのソロの伴奏の時は、ピアノの音のニュアンスをぐっと落としました。そうしないと、オカリナの音色が聞こえなくなってしまいます。逆に大きな混声合唱団を伴奏する時には、音のレベルは一気にアップさせます。
　最初に f と書かれていた箇所が2回目では mp で再現される場合、もちろん f と p の音量の区別はつけますが、それ以上に音色を変えることが大切になってきます。音量は、物差

06
バランス

しで測ることはできません。どの作品にも必ずある pp から ff までのニュアンス記号。その「度合」は、前後との比較で計られるものです。作曲家のスタイル、作品の特徴やテンポ、音型による部分も少なくありません。音量がさほど大きくない楽器との共演時の f は、音量はほどほどに抑え、気持ちを盛り込むことで「強音」にすることができます。逆に p は、できるだけ柔らかく、デリケートに。弱音の p でも、聞こえないのでは意味がありません。たとえば、私たちがひそひそ声で話すとき、少し離れたところにいる人にも伝えたいなら、気持ちと感情を込めて話そうとしますね。"小声で叫ぶ"ことだってできるのです。音量の度合いは、共演のつど違うわけですが、その他の要素は共通です。エネルギーややる気なしでは、伴奏は成り立ちません。共演者との正しいバランス感覚がつかめれば、その時々に必要な伴奏の"温度"や音色が見えてくるはずです。

　本番前のリハーサルでは、自分の耳をアンテナにして、正確に音を聞き取りましょう。客席の側の右耳で、ホールから反響してくる響きをキャッチし、音を調整します。ホールのキャパシティや音響の特性によって、音を合わせていかねばなりません。ラジオの周波数を合わせていると、ある瞬間に音をとらえる、さらに微調整すると、一番クリアに音が聞こえる"ぴしゃりとはまる"瞬間がありますね。正しい周波数をとらえた瞬間です。ホールでのリハーサルには、そんなイメージがあります。もちろん、客席で誰かに聞いてもらって、アドバイスを求めることもできます。ただし、第三者の意見に縛られすぎず、自分の耳と感覚を信じましょう。何しろ、本番の時には、頼れるのは自分だけなのですから！　本番前のリハーサルがない時もあります。そんな時は、コンサートの最初の数分で明確な響きの感覚をつかみましょう。

　さらに考慮するべきことは、聴衆がいない状態と、聴衆が入った時のホールの響きの違いです。それが顕著なホールもあります。そんな時も、自分の耳を頼りに、音を微調整していかねばなりません。

　もう一つ、ピアノのふたをどれほど開けるか、という重要な問題もあります。これについては、数多くの意見があります。あえて持論を申し上げましょう。
「ソロの場合は全開に、アンサンブルの時は半分、伴奏の時には半分かそれ以下。短い棒がある場合は、3分の1程度にする」。
　3つ目の短めの支柱がない場合は、小さい木材を挟む方法もあります。

　言うまでもなく、ピアノのふたを全開にすると、音ははっきり明るく響きますが、クライマックスの時に、音の洪水となってソリストを飲み込む危険性が生じます。そうならぬよう、奏者はクライマックスでも若干、音色と感情を抑えなければなりません。私の場合は、最初から半開にして、気持ちを抑えずに弾く方が好きです。その方が、ピアノの音がコンパクトになり、コントロールしやすい、そして楽器や声と、溶け合って、一体感が出しやすいように感じます。ただし、ここでも決まったレシピはありません。ホールの大きさやピアノの癖、そしてソリスト次第です。こじんまりとしたサロン風ホールに、深みのある素晴らしい音色のグランドピアノが備わっていることもあれば、立派なコンサートホールに響きのよくないコンパクトピアノしかない、ということもあるのです。あるいは、響きの悪いホールや、ピアノがステージ中央ではなく、花道のような離れた場所に置かれていることも。このような位置にピアノを置くのは、たとえばオペラの抜粋をピアノ伴奏で行う時などですが、このような場合は、ふたは全開にしなければなりません。すべてはケースバイケースです。自分で、原則と選択肢を決めておくとよいでしょう。そうすれば、バランス感覚もより早くつかめるはずです。自分流のスタイルを見出し、それに慣れたら、あとは耳を信じるのみです。

　ソリスト、特に声楽家の場合、本番に力を温存するために、リハーサルでは半声で歌う、というケースもよくあります。開場前なので、客席もカラです。たとえば、リハで、後部座席で聞いていた人が「ピアノが大きすぎる、もう少し静かに」と意見を述べたとします。ところが、いざ本番になると、客席は埋まり、ソリストは全力で歌い…。一方、伴奏者はリハ時に言われた「もう少し静かに」を忠実に守り、音を抑えて弾いてしまうと…、バランスは崩れてしまいます。「もう少し静かに」と言った人に限って、「ピアノの音が足りなかった！」などとコメントするものです。皮肉ですね…。

逆のケースもあります。ピアノのふたは全開にした方が響きが良い、と言われたとします。本番前のリハーサルでは、すべてのプログラムはチェックしないことも多いですね。さて、本番。クライマックスに差し掛かると、ふた全開のピアノは大音量でソリストをかき消してしまう…そんなこともあるのです。

　ピアノの中には、何年も弾き込まれた年季の入った楽器があり、往々にして、そんな楽器は気まぐれで、音を主張しすぎることがあります。そのような場合、ピアノのふたは、思い切って閉めたままにしてみるのもいいかもしれません。ただ、ふたが閉ざされた音は出口を失い、どうしても籠った貧弱な音色になりがちです。ですので、ほんの少しだけでもふたは開けたほうが良いと思い、私は常に、小さな木片を持ち歩くようにしています。

　本番前のリハーサルでは、まずピアノを、自分が一番慣れた状態にしましょう。たとえば半開に。そしてソリストと合わせてみてください。響きを聞きながら、バランスを感じてください。もし不都合を感じたら、ふたをもっと開けたり、閉めたり、いろいろ試してみます。そして、またソリストと合わせ、音色の変化を比べてみます。クライマックス部分ではどうか、一番静かな箇所ではどうか…。伴奏パートが密な音型部分でソリストの音を超えていないか…ピアノの音量や表現を抑えることにならないか…。作品のさまざまな箇所を合わせておくと、自信を持って本番に臨み、演奏中にあたふたすることもありません。

　本番前にピアノ位置を変更する、ということも良くあります。ステージの別の場所の方がより良い響きだから、という理由で。もちろん、それがとても大きな意味を持つホールもあります。でも…10 センチピアノを動かして、果たして意味があるでしょうか？　大差はないと思うのです。

　"弾ける"ピアニストであれば、響きが最良でなくても、演奏を台無しにすることはありません。花道やステージの端で伴奏する場合、客席から見栄えのする場所を選ぶことも大事です。ソリストの立ち位置とのバランスも考慮しなければなりません。しかし、ピアノをあちこち動かして、挙句落ち着くのは元の場所、ということも。そんなことに時間を費やすぐらいなら、少しでも多くの時間をリハーサルに費やした方が有意義です。ピアノの長所や短所をつかみ、どれほどの弱音がでるのか、どれほど深みのあるバスを奏でられるか、高い音域が叫ぶ音にならないか、など、そのピアノと"親しくなる"ために貴重な時間です。楽器の個性を把握しておくと、本番中、ソリストが微妙にニュアンスを変えても、バランスを崩すことなくフォローすることができます。持ち時間を、できる限りリハーサルに費やし、正しい"波長"を見つけておきましょう。

ホールの響きも、ソリストも、弾くピアノも、みな同様に素晴らしい時は、ステージを堪能できます。でも時に、その3要素の1つ、あるいは2つが、あなたの望むレベルではないかもしれない。‥そんな時はどうするか？　職人に徹しましょう！　ソリストにとっての不出来要素に、あなた自身がならないように！　ソリスト側の要素は、音響、聴衆、そして…伴奏者なのです。ソリストにとって、良い伴奏者に恵まれることは、成功の半分を保証されたようなもの、悪い伴奏者に当たってしまったら…ソリストにとっては大失敗につながってしまうのですから。

07…オーケストラ作品伴奏の特性

　オーケストラのために書かれた作品を伴奏する際にも、留意すべき点があります。それは何でしょうか？　伴奏者は、何に気をつければよいのでしょうか？

　まず重要なことは、それが、ピアノのために書かれた曲ではない、ということです。たとえばロマンスの楽譜を見てみると、それが「声」と「ピアノ」のための作品として、音楽的、詩的に完成された曲であることがわかります。この場合、作曲家自身が考え、ピアノ伴奏のための楽譜を書いています。音型の作り方、技術的な可能性、ピアノの最良の音色、形式、伴奏におけるピアノのソロ部分など…。どんなに複雑な伴奏形でも、練習を重ねれば弾きこなせるはずです。

　一方、オーケストラ作品のピアノ伴奏譜は、スコアから編曲されたものです。編曲者がピアノ奏者ではないこともありますので、伴奏譜が、ピアニストにとっては機械的すぎていたり、ずさんだったりする場合もあります。伴奏譜にしっかりと目を通し、時には批判的見方も必要でしょう。創造力も重要です。「編曲」が「変曲」となってしまっていることだって、あるのですから…

　楽譜に忠実に練習していくのではなく、始めに「目的」を考えます。伴奏ピアノに求められるのは、オーケストラに限りなく近い音色です。そのためには、まず、オリジナル演奏、つまりオーケストラによる演奏を聞いてみます。その際、必ず自分で楽譜を見ながら、どの場所でどの楽器がソロを奏でているのか、音の層の中で、どの楽器が際立っているのかを聞き分けていきます。伴奏譜の中には、オリジナルの楽器名が表記されている版もあり、とても助かります。楽器表記がない場合は、必ず自分で伴奏譜に書き込んでいきましょう。耳で覚えるには限界があります。手で書きとることをお勧めします。目で見て手で書くことは、耳からの記憶を"補強"してくれますし、音のイメージも描きやすくなるでしょう。それに、何年も後に、同じ作品を伴奏することになった時、楽譜に自分の書き込みがあれば、イメージはすぐに戻ってくるはずです。仕上げの時間の短縮にもつながります。

　すべての箇所に、細かく楽器名を書き込む必要はありません。弦楽器、木管、金管、など、

楽器の種類分けで充分です。ヴァイオリンなのかヴィオラなのか、あるいはチェロかコントラバスか…この場合、それは大差ではありません。大きな違いは、たとえば、弦楽器によるピチカートなのか、それとも管楽器のスタッカートなのか…。音符にアクセント記号がついていたら、それはどの楽器に対してなのか…ティンパニーの柔らかい一打なのか、管楽器の高らかな一音なのか、それとも弦楽器の分厚い音なのか…。楽譜上では同じアクセント記号でも、オーケストラの響きを聞くことで、それがどのようなアクセントなのかを、伴奏者は判断できます。もちろん伴奏ピアノが、絵を塗り変えるように極端に音色を変化させて演奏することはなりません。しかし、どこで、どの楽器が入ってくるのかイメージし、楽器の変わり目をピアノで少しだけ強調することは必要です。オリジナル、つまりオーケストラでの演奏を「耳に残しながら」伴奏すれば、それだけで音色は自然に変化するでしょう。

　時には、大変弾きにくい編曲もあります。そのような場合、音楽の軸を守ったうえで若干音型を変えても構わないし、それがかえって良い演奏になることもあります。そもそも編曲の時点で、作曲家のテキストの声部や内声をオクターブ移動しているわけですから、私たち伴奏ピアニストが「編曲の編曲」をしても、問題はありません。このような編曲の修正は、弾きやすくするだけでなく、より良い音色を求める観点からしても、必要になってきます。

　あまり上できではない編曲…たとえば、内声部や繰り返しが詰め込まれ過ぎて演奏不可能であったり、オーケストラでは明快で簡素な音型が、極端に重たく編曲されてしまっている…そんなケースもあります。伴奏パートのポリフォニーの音型は、オーケストラのさまざまな楽器の声部を代弁しています。それを正確に、ピアノの両手に反映することは簡単ではありません。いくつかの音を、自分で違う手に移して弾くと、より良い響きになることもあります。

　顕著な例があります。モーツァルトの「オーボエ、ヴァイオリン、ヴィオラとチェロのための四重奏（カルテット）」にはオーボエとピアノ用の編曲があります。2楽章の冒頭部分、左手の最初の10度の音は、スコアから転用されています。しかし、10度という広い音程に手が届かないピアノ奏者も少なくないはず。まず頭に浮かぶのはアルペジオ、分散して弾くことです。しかしオリジナルでは、3つの楽器が同時に始め、それぞれがメロディーのラインを奏で始めます。ですので、アルペジオにしてしまうと、本来の音楽の性格にそぐわないことになってしまいます。私は、このような場合、内声の正確な再現よりも、音の響きを伝える方が重要ではないかと考えます。つまり、中声部の左手上音の「ファ」を別のオクターブに移して、同時に弾きます。このように弾いても、聞き手にはわからないはずです。

オーケストラ作品伴奏の特性

II

　チャイコフスキーのヴァイオリン協奏曲、第２楽章に目立たない和音が出てきます。間奏の５小節目、右手の二つ目と最後の８分音符は、５度を挟んだ10度の音程。手が届かず、この通りには弾けない人もいるでしょう。しかし、分散させて弾くことは、ここでは許されません。アルペジオにしてしまったら、とても耳障りですし、メロディーラインがばらばらになってしまいます。ですので、ハーモニーをそのまま残すために、右手の下の「ド」をオクターブ上げることをお勧めします。細かいことかもしれませんが、和音に手が届かないからと単純にアルペジオで弾いてしまうと、せっかくの間奏を台無しにしてしまいます。

もう一つの例を見てみましょう。ヘンリー・トマジのアルト・サックスのための協奏曲の終わり部分です。オーケストラの楽器の旋律と音色を、ピアノ伴奏で再現します。

写真で分かるように、伴奏パートは *f* から *pp* まで、徐々に静かになっていきます。

しかしここには、オーケストラでどの楽器が演奏しているのかは表記されていません。単純にこのままデミニュエンドしてしまうと、音色の変化までは表現できません。オーケストラスコアを見てみると、最初の f の2小節は金管楽器。はっきりと明るい音です。その次の2小節は、弦楽器。当然、音色はただ小さくなるだけではなく、よりソフトで穏やかになります。そして最後の2小節は、ミュートを付けたトランペットがまるで遠くで音を出しているような、サックスとの掛け合いになっています。オーケストラでは、2小節ごとに異なる楽器が演奏していることを意識して、ピアノ伴奏も、それぞれの楽器のフレーズの出だしを少し強調して弾き分け、音色を変える工夫をしてみましょう。単につなげて弾くよりも、ストーリーが生まれます。オーケストラのオリジナルを必ず聞き、どの楽器が音を出しているのかを、書き込みましょう。各楽器の音色を頭に浮かべながら、そして楽譜に書き込まれた楽器名を目で追うことで、ピアニストはイメージし、再現しやすくなります。ピアノ伴奏が、まったく違う音色になるはずです！

最後の和音ですが、オーケストラでは軽いアルペジオとなっていますので、ピアノ伴奏も柔らかく、静かに弾きます。

もう一つ留意することは、スコアから書き写された旋律の流れです。左手にはバスと、上声部のメロディーがレガートでつながっています。2小節目と4小節目の3拍目で、バスは2オクターブも離れており、ピアノ奏者は手を大きく移動させて弾かねばなりません。上声の理想的なレガートが失われがちになります。ここでは、バスのオクターブの位置よりも、上声の表現性の方が大切だと思います。バスの位置が楽譜と食い違っていても、気づく人はいないでしょうが、メロディーラインの途切れは、耳についてしまいます。バスを1オクターブ上げることで深みは多少損なわれますが、上声のレガートは守られます。

些細な事と思われる方もいるかもしれませんが、このようなこだわりこそ、私はプロフェッショナルな伴奏者に求められる資質ではないかと思います。
オーケストラ作品の編曲をピアノ伴奏するときは、じっくり掘り下げて考えてみてください。

オーケストラ作品の伴奏では、ペダル使いにも注意しなければなりません。伴奏パートが、一つのハーモニーの中で音が流れる場合、一つのペダルでつなげても音が濁ることはありません。ピアノでは問題なく聞こえたとしても、オーケストラの中で、たとえばクラリネットとチェロが演奏している場合、それは一緒に奏でるハーモニーではなく、和音で平行移動するメ

ロディーの層です。その場合は、ピアノでペダルを使うべきではありません。

　典型的な例が、モーツァルトのオペラ「フィガロの結婚」の「ケルビーノのアリア」。左手に、16分音符でハーモニーが絶え間なく動きますが、それぞれにスタッカート記号があります。これはオーケストラでは弦楽器のピチカートです。右手は6度で歌いますので、ペダルが求められます。つまり、ここでのペダルは、きわめて丁寧で細やかに、右手のやわらかな音色を引き立てながらも、左手の16分音符が“くっつかない”ようにしなければなりません。

　ビゼーの「アルルの女」よりメヌエット。フルートとピアノ伴奏用の編曲を見てみます。

　右手の粒ぞろいの8分音符は、同じハーモニーの中で動いていますので、ペダルを使っても問題ありません。しかし、オーケストラスコアを見てみると、ここはハープが一音ずつはじいて奏でます。ピチカートではありませんので、鋭く短い音ではなく、柔らかく響く音です。ピアノで弾く時には、それぞれの音を分けて弾きながら、ペダルをつけます。絶対に、小節全体を一つのペダルでつなげてはなりません。伴奏が、ハーモニーをなぞるだけになってしまいます。左手のバスも、音符の長さ、音の柔らかさは右手と一緒です。メヌエット全曲を通して、音がそろうように、ばらつきがないように心がけます。再現部では、右手にフルートの対旋律のようなメロディーが現れます。オーケストラでは、ここはサックスが演奏します。ピアノは、右手のレガートは指でつなげます。左手は、ハープのように続けます。ペダルは極めて細かく

丁寧に。まるで右手と左手が異なる二つの楽器となって、それぞれの音の特性を生かしながら、フルートを伴奏します。

　とりわけ大切なのが、最後の2小節です。ピアノ譜を見ると、主音のハーモニーがアルペジオで下降しています。一見、3小節をつなぐワンペダルが自然に思えます。ハープの音の粒をハーモニーとしてひとつなぎにするべきではありません。柔らかく、一歩一歩下へ降りていき、最後の音でフルートとユニソンになります。フルートとの距離は4オクターブもあります。テンポはほとんど落とさずに落ち着く、静まる、という感じで。最後のバスは柔らかく、深い音で。下降する8分音符は音色をそろえ、フルート奏者の高音をサポートしましょう。

　さて、もう一つ例を見てみましょう。ヴェルディのオペラ「リゴレット」の「ジルダのアリア　Caro nome che il mio cor」です。

　始めの数小節、ハーモニーの動きは、柔らかく、優しく、一つずつの音をフルートが丁寧に歌います。ピアノでその音色に近づくためには、あまり深くない長めのペダルを使います。左手で和音を弾いたら、上の2つの音を離します。その2音は右手にもあり、繰り返しては弾きません。16分音符と8分音符を歌い、明るい透明感のある音で。一小節の間はペダルを残しておきます。続く小節からも同様に弾きます。

　木長調のアリアでは、ペダル使いがまったく異なります。前奏は、晴れやかに、かわいらしく。恋に身を焦がす純情なヒロインのイメージです。ペダルは、左手のバスと和音がつながらないように、細心の注意を払います。右手の1拍目が4拍目につながる2小節目と4小節目では、ペダルは、左手のバスの後の3拍目で踏みかえると、メロディーだけがきれいにつながります。

ペダルの長さを考えるときに必要なのは、やはりオーケストラの演奏を聞くこと。そのサウンドに近い音色を心がけることです。

　ペダルは、とても大切な役割を果たします。適度なペダルは、音を美しく飾ります。ペダルに頼り過ぎず、上手に使いこなせるようにしたいですね。ペダルのせいで音符の粒や輪郭がぼやけてしまわないようにしましょう。
　こんな比較はいかがでしょうか。サラダにかけるドレッシングは、野菜をまとめ、味の統一感を出します。もしドレッシングをかけすぎてしまったら…野菜がドレッシングの海で泳いでいるようになり、味も見た目も台無しになってしまいます。ペダルを、いつも必ず下まで踏み込む必要はありません。時にそれがペダルの"雲"となり、すべての音型を覆い包んでしまいます。ペダルを軽く、足で触る程度にすると、音の輪郭は残ります。言うまでもなく、その「程合い」は、奏者の耳次第です。

　プッチーニやレオンカヴァッロ、マスネなどの作曲家のオペラ作品では、伴奏の音型は、メロディーと重なり濃密で、長いフレーズや、永遠に続くかのようなレガートが出てきます。もちろん、ペダルは必須です。オリジナル譜を見て、たとえばハープが深く奏でている場合、あるいは弦楽器が朗々と歌っている場合などで、内声部を指でつなげて弾くことができない時には、長いペダルを使っても良いと思います。しかし、あくまでも、オリジナルのオーケストラサウンドに近づくための手法として使うのであり、考え抜いたペダル使いが求められるのです。

　オーケストラ作品の中には、ピアノ伴奏用に編曲され、さまざまな楽器で演奏されている曲も数多くあります。作曲家が書いた作品が、もう一つの「顔」を得て、ステージで頻繁に演奏されています。そのようなポピュラーなアレンジ作品は、伴奏ピアノパートも、大変自然で生き生きと表現豊かにアレンジされています。編曲であることを忘れそうになることすらあります。どんな時でも、その作品のオリジナル演奏を聞くことは決して無駄ではありませんが、ピアノ伴奏バージョンも充分独立性が高く、ピアノの音色だけで曲を変容させることも可能です。顕著な例は、オリジナルがチェロとオーケストラのためのフォーレ「エレジー」、フルートとオーケストラのためのシャミナード「コンツェルチーノ」…この曲の場合、ピアノ伴奏編曲は作曲家自身が書いています。チャイコフスキーの「ワルツ＝スケルツォ」も良い例でしょう。

　様相がまったく違うのが、オーケストラとソロ楽器用に書かれた協奏曲、そしてもちろん、オペラアリアです。

協奏曲に関しては、コンサートでピアノ伴奏で演奏されることは、あまりありません。が、試験やオーディションでは、頻繁にあります。伴奏ピアニストなら、一度は経験されたことがあるでしょう。ピアノ伴奏用の編曲はさまざまあり、どれもが一様に良いとは言えません。それが顕著なのは、モーツァルト、ハイドンの作品です。伴奏パートに、すべての内声部を自動的に移してしまっている編曲がありますが、これは演奏不可能です。ピアノの特質や音色をまったく理解していない人による編曲であることが、すぐにわかってしまいます。バスに和音の連打が重々しく続いていると、それがチェロとコントラバスのパートをただ単に移し替えたものだと推し量ることができます。それをそっくりピアノの低音部で弾いて同じ効果が得られるかというと、まったくそうではありません。伴奏者が目指すべきことは、オーケストラにできる限り近い音色をピアノ一つで奏でることです。必ずオリジナルのオーケストラ演奏を聞き、どこでどの楽器が"第一線にいるのか"を楽譜に書き込みます。さまざまな出版社の楽譜を比較することも良いでしょう。異なる版を見ることで、自分の弾きやすいバージョンを見つけ出せます。さまざまな版を組み合わせて、自分のオリジナルバージョンを作ればよいのです。

　たとえば、モーツァルトのヴァイオリン協奏曲第4番。オーケストラのさまざまな楽器とヴァイオリンソロのかけ合いの小さなエピソードがあります。軽く響く16分音符よりも、そのかけ合いは重要な意味があります。重たくならないよう、重音のいくつかを飛ばし、かけ合い部分は、オリジナルのオーケストラの楽器を真似て、音色を変化させます。

08…カット

　協奏曲のもう一つ重要な問題が、カットです。先ほども述べたように、実際のコンサートで、協奏曲がピアノ伴奏編で全曲演奏されることは、ほとんどありません。ただし、試験や、学校での演奏会、アマチュアの演奏会などでは、全曲演奏もあり得ます。長い前奏や間奏がある場合、ピアノ伴奏はカットを余儀なくされます。ではどのようにカットをすればよいでしょうか？

　古典派の協奏曲の場合、フレーズは2、4、8小節で区切りやすく、複雑なことはありません。ただ、二つ、守らねばならないことがあります。それは、フレーズをまとめることと、ハーモニーを合わせることです。ピアノによる前奏をどれほど長く弾くかは、その時々によって異なります。たとえば、最初の1、2フレーズを弾いた後、前奏の最後の数小節に飛ぶパターン。最短のバージョンにする時も、作品の最初の小節は弾いた方が良いと思います。フレーズの途中から入ってしまうと、音楽がちぎれている感じが否めません。オーケストラのオーディションの場合、たいていは、公平を期すため、ピアノ伴奏の箇所も指定されています。しかし、もしそのような「縛り」がない時には、短くてもまとまりのあるカット前奏を心がけてください。

カットの目安をつけやすい作品もあります。似通ったハーモニーやフレーズの切れ目が大変わかりやすい曲の場合です。逆に、楽譜をじっくり読み込んで、音型やハーモニーの流れを熟考し、弾く部分を決めなければならない場合もあります。

　楽章間の間奏部は、カットせず、すべて弾くべきだと私は思います。カットしてもほんの数秒の問題ですから、音楽を歪めるよりは弾いてしまいましょう。ただし、間奏部が、オリジナルのオーケストラ演奏と比べ、ピアノ一台の伴奏用編曲は、明らかに貧弱で表現が弱くなってしまっているケースもあります。そのような場合には、間奏をカットしても良いと思います。

　では、どのようにカットしたらよいでしょう？
　まずは、間奏をすべて弾いてみて、フレーズの流れや似通ったハーモニーを確認します。そのあと、さまざまなカットを試み、最適だと思うものを見つけてください。カット部分を決めて練習を重ねているうちに、不自然な「継ぎ目」を感じ始めることもあります。そして、カットを、たとえば一小節だけ前に、あるいは後にしてみるだけで、何ともしっくりくることだってあるのです。何事も実験です！

　シベリウスのヴァイオリン協奏曲の第1楽章を例に見てみましょう。伴奏の間奏のカットは、簡単ではありません。
　最初の間奏は、すべて弾いた方が良いでしょう。長くはありませんし、ヴァイオリンソロの小さなカデンツァのあとのピアノ間奏は "合いの手" としてちょうど良いバランスが取れます。もっと長い2回目の間奏は、バスのトレモロと、右手の長音が続きます。オーケストラによる演奏では、異なる音色の楽器が奏でていますので、とても表現たっぷりに響きます。が、それをピアノ一台でフルオーケストラの代役を務めることはとても厳しいです。ここは、すべては弾かず、カットを入れることをお勧めします。時間の都合で短くする場合は、最初の20小節を弾いた後、ヴァイオリンが入る7小節前の長音「シ♭」まで飛びます。もう少しこの間奏部を展開させる場合、つまりクライマックスで盛り上げた後、次のエピソードに向けて落ち着いていく「山」を見せたい場合には、最初からクライマックスまでを弾き、ヴァイオリンが入る前の7小節前の「シ♭」まで飛ばします。つまり、最初の60小節と、最後の7小節、ということになります。
　他の方法もいろいろありますが、いずれにしても、クライマックスの後、左手がトレモロ、右手が低音域で長音が *p* と *pp* で続くエピソード部分は、カットした方が良いと考えます。

次の３つ目の間奏は、ピアノ伴奏でも聞きごたえがありますので、すべて弾いた方が良いでしょう。ただ、時間の都合でカットを余儀なくされるときには、３小節目の４分休符のあとから、間奏の終わりから 17 小節前の４拍目に飛ばします。この場合には、２小節目の音をあまり落とさず、３小節目で左手にトレモロを加え、右手ではメロディーを続けながら徐々に p にしていきます。

別のバージョンをご紹介します。間奏の最後から11小節前の3拍目からのカット（左側の楽譜赤字参照）です。この場合、先ほどとは逆に、間奏の2小節目でデミニュエンドをしっかりとつけて、3小節目の4分休符は少し広げます。次のエピソードへ移る前には、*pp* で一呼吸置きます。これは弾きやすい方法だと思います。

　いずれのカットにしても、決して理想的とは言えず、どうしても不自然さ、わざとらしさは残ってしまいます。

チャイコフスキーのヴァイオリン協奏曲はどうでしょうか。この曲の間奏はとても長く、カットは必然的です。ただ、繰り返されるフレーズや反復が多いので、カットはしやすいです。間奏部のカットでは、ソリストが入りやすくするために、出だしと終わりは残します。

　まずは前奏。伴奏ピアノは最初の2フレーズを演奏し、第1楽章の雰囲気を表現します。左手に8分音符の連打が入ってくる小節で音楽の流れと小節の拍を示した後、重音が静かになりながら下降する部分までカットして、ソリストへとつなげます。これで前奏は全部で12小節となりますが、ハーモニーや形式的にも、自然で論理的です。

　次に出てくる間奏は非常に長いのですが、繰り返しや反復のモチーフが多いため、カットをしてもわかりにくいはずです。単純に、繰り返しのフレーズを弾かないだけでも、間奏部は半分にまで短縮されます。ただし、反復の部分では、ハーモニーを考慮しなければなりません。そのための手段はいろいろありますが、たとえば次のバリエーションはどうでしょう。

次の間奏のちょうど真ん中あたりに、ピアノ伴奏編曲では、あまりうまく響かない箇所が出てきます。ですので、ここの間奏はさほど長くはありませんが、やはりカットした方が良いと考えます。

第3楽章の間奏にも、同様の場所があります。さまざまな内声が複雑につながっていて、オーケストラに似た音色をピアノでは奏でにくい部分です。ここも思い切ってカットし、音楽のダイナミック性を保ちましょう。

次に、サン＝サーンスのチェロ協奏曲の間奏。決して長くはありませんが、オーケストラは
スケール調の8分音符の音型で、それをピアノで弾くと、まったく違う感じに聞こえてしまい
ます。どんなに頑張っても、ピアノは負けてしまいます！　ここのカットは、やむを得ないで
しょう。

この協奏曲の終楽章で、コーダの前に大きな間奏があります。ここもカットは必要と思われます。それには、少しばかり知恵をしぼらなければなりません。まず出だしは、ハーモニーと、右手に出てくる協奏曲の主題を考えると、当然弾かねばなりません。このエピソードを弾き終えたら、ソリストが入る前の8小節へ移ります。間奏のテンポと性格の変化は、強調したいですね。アイデアとファンタジーの出番です！ いろいろ試してみてください！

　私の方法を、二通りご紹介しましょう。

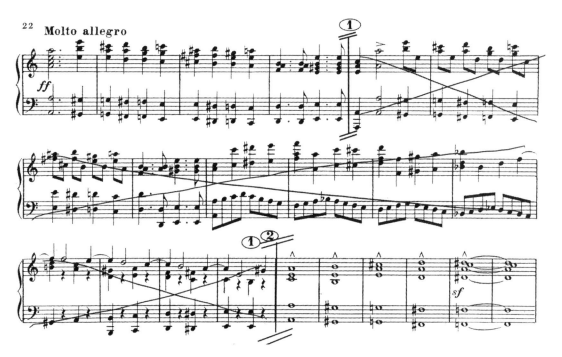

すべての協奏曲を例に取り上げることは無理ですが、ここでご紹介した曲を参考に、ぜひ、考えてみてください。これらのアイデアを元に、いろいろ試していただきたいと思います。肝心なことは、次の3点です。

1. カットは、わざとらしくないように、聞き手にわからないように。
2. 必ず小節を数えてください。カットすることで、フレーズが壊れたり、型からはみ出たり、メロディーラインが崩れぬように。
3. ハーモニーの流れに逆らわないこと。ハーモニーの「切れ目」は耳障りです。カットのつなぎ目は、できるだけスムーズになるように。

09…オペラアリアの伴奏

　オペラのワンシーンであるアリアは、通常、オーケストラが伴奏をします。アリアをピアノで伴奏する際は、まずそのことを念頭に置きましょう。

　もう一つ、留意しておくべきことは、オペラアリアは、歌やロマンスと違い、単独で成り立つ作品ではない、ということです。オペラ全体の一部です。形式的にまとまっているアリアも、オペラのドラマチックなストーリーのワンシーンなのです。声楽家にとって、ピアノ伴奏でオペラアリアを歌う際は、難しさと容易さの両面があります。難しい点は、舞台装置や衣装、パートナー、演劇性などがない状態で「演じ歌う」ことが求められる点。容易な点は、オーケストラに負けじと声を張り上げる必要がないこと…時にオーケストラは、歌手にとって最良の伴奏者とはならないこともあるのです。

　私たちピアノ伴奏者は、ピアノの響きをできる限りオーケストラの音色に近づけ、歌い手が、劇場でオペラを歌っている気分に浸れるような雰囲気づくりが求められます。時にそんな努力があだとなり、ピアノ一台でパワフルなオーケストラサウンドを表現しようと頑張りすぎてしまい、ピアノならではの響きの枠を超えてしまうことがあります。オーケストラのように弾く、ということは、大きな音で弾く、ということではありません。Tutti(合奏)の箇所は、深く、ボリュームのある、たっぷりとした音で。オーケストラをリードする指揮者の役目が、ここではピアニストに託されます。ピアノ伴奏で求められるのは、音質、音色、そして強弱のメリハリをつけること。「f」は「大声でわめく」のではなく、オーケストラのたくさんの楽器が柔らかく奏でている感じで。また、「p」も、オーケストラでは複数の楽器が音を出しているわけですから、単純に弱音に落とすのではなく、厚みのある音を心がけます。

　演奏会で頻繁に演奏される、ビゼーのオペラ「カルメン」より「ハバネラ」を思い出してください。アリアの冒頭、伴奏ピアノの左手には pp の表示があります。オーケストラスコアを見てみると、ここはチェログループがピチカートで演奏、さらに1拍目に、コントラバスも入ってきます。ですから、ここでは芯のある、リズミカルな音を心がけます。最初の音の後の短い休符も重要です。短い休符が生きるよう、ペダルは最小限にとどめ、踊りを表わすばねのようなハバネラのリズムを守ります。 pp を意識しすぎると音を落としすぎてしまったら、「ハバネラ」にはなりません。オーケストラの複数の楽器が奏でる pp と、ピアノ一台の pp は

同等ではありません。このニュアンスはアリア全体を通して続きますので、ペダル使いも変えないようにします。

　冒頭の、カルメンと一緒に歌う伴奏の右手のハーモニーは、スタッカートになっています。が、その後合唱が加わるところで、右手はレガートになります。これは伴奏ピアノがオーケストラではなく、合唱を再現しています。しなやかな旋律の流れを、主として指でつなげます。ペダルに頼ってしまうと、せっかくの左手のピチカートが失われてしまいます。ハバネラの演奏に合唱が加わる場合は、ピアノ伴奏はオーケストラの代役に専念します…つまりずっとスタッカートで弾き続けます。

　アリアの伴奏譜で問題となるのが、前奏と後奏です。
　アリアの伴奏がピアノ用スコアからそのまま写されているケースが多々あること、つまり実際に歌が始まる箇所から転写されているのです。
　オペラの中で、曲順やレチタティーヴォがはっきりと区切られている場合は、出だしは明確です。モーツァルトやロッシーニ、ベッリーニなどのオペラ作品に多いですね。
　一方、オペラが一気に展開する構造の場合、アリアの始まりのページに前奏がないことがあります。前奏は、スコアの前のページに"隠れて"しまっているのです。
　顕著な例は、ヴェルディの「アイーダ」のアリア「Rittorna vincetor!」。ほとんどの版では、前奏がありません。しかし、ソリストには音程を計る意味でも前奏が必要です。この場合、ピアノスコアの前ページにある8小節ほどの行進曲部分を前奏として弾かねばなりません。
　ラフマニノフのオペラ「アレコ」のカヴァチナでも、多くの版で見られる間違いは、前奏が、左手のオクターブの強拍の「ミ♭」から始まることです。実際は、前の小節にあるアウフタクト、16分音符の「レ」が重要なのですが、この音が前のページに"残ってしまって"いるため、ピアノ伴奏譜に書き変える際に消えてしまっているのです。伴奏譜を手にし、そこに前奏がまったくない場合は、ピアノ用スコアを参考にしてみてください。インターネットで何でも見られる今の時代、難しくはないはずです。図書館で閲覧してもいいですし、ソリストにピアノスコアを借りるのもいいですね。できることを徹底してやる意欲が大切です！

　まったく逆のケースもあります。つまりピアノ用スコアからの転写で、長々しい後奏や前奏がついているもの。劇場でのオペラ上演の場合、それはつなぎのための音楽で、ステージでは登場人物が演技をしています。オーケストラ演奏も、ストーリーを盛り上げる重要なパートです。しかし、ソリストが伴奏ピアノのそばに立って歌うリサイタルでは、様相はまったく異な

ります。オーケストラの間奏部分をすべてピアノで再現する必要はありません。ソリストは、オペラのように演じながら動き回ることはしませんので、"場を盛り上げるための"ピアノの長い間奏は要りません。

　顕著な例は、モーツァルトのオペラ「フィガロの結婚」よりフィガロのアリア「Non piu andrai」。オペラでは、途中の行進曲の間に場面が展開されますが、ピアノ伴奏の場合は、ただ時間が延びてしまうだけです。ここはカットが望ましいでしょう。「ドン・ジョヴァンニ」のツェルリーナのアリア「Vedrai carino…」の終盤や、ビゼーの「カルメン」より「ジプシーの歌」の最後の踊り部分についても、同様のことが言えます。

　時には、アリアの前の長い前奏が必然的な場合もあります。演奏会で、数曲のアリアが続く場合など、ソリストが曲間に少し休み、次の曲のイメージへ気分を変える手助けとなります。華々しい前奏を、ステージへの登場を演出するために好むソリストもいます。劇場でのオペラシーンのようですね。カルメンのハバネラや、闘牛士の歌などです。時には、ピアノ前奏を、少し前にさかのぼって長めに弾いてほしい、とソリストから依頼されることもあります。イメージや気持ちの切り替えのため、そして声を少し休ませるために…。また、長い前奏がヒロインのイメージや感情、雰囲気作りに役立ち、アリアへの素晴らしい序章となるケースもあります。例としては、ロッシーニのオペラ「セビリアの理髪師」よりロジーナのカヴァチナやフィガロのカヴァチナ。チレーアの「アドリアーナ・ルクヴルール」の「王女のアリア」も同類です。

　ビゼーの「カルメン」の「ジプシーの歌」への前奏は、すべて弾く必要はありません。ヘ長調の小節から入れば充分です。モーツァルト「フィガロの結婚」の伯爵夫人のアリア「Porgi, amor,qualche ristoro」なども、前奏すべてが求められることはほとんどありません。しかし、長い前奏を、ソリストの入りの前わずか数小節に無防備に縮め、属音（ドミナンテ）で始める無分別なパターンは、避けた方が賢明でしょう。カットが必要な場合は、まず最初の数小節を弾いて、ハーモニーでつながる最後の数小節に飛びます。前述の、ソロ楽器と共演のカットと同じことです。

　アリアを伴奏するときは、オーケストラの音色とボリュームにできる限り近づけたいですね。オペラ歌手はオーケストラの響きと音色をイメージしており、それを伴奏ピアノにも求めています。聴衆も、オペラアリアのオリジナルがオーケストラを伴うことを知っています。
　ここでも、まずはオペラのオリジナル演奏を聞き、自分の楽譜に、オーケストラのどの楽器が演奏しているのかを書き留めましょう。

アリアを伴奏するオーケストラは、軽やかで明快に響くのに、ピアノ伴奏編曲版では、弾きにくい音程やオクターブ、重複が多い…。そんな時、伴奏ピアニストは、知恵をしぼり、時には"ずる"もして、弾きやすい形に変えていかねばなりません。ただしそれは、個人の奏法や、手の大きさ、演奏技量などによって異なります。もし、ぎっしりと詰まった音型の編曲を頑張って弾けるようになったとしても、軽やかで肩の凝らないサウンドには程遠いでしょう。伴奏者の努力も、聴衆には届かないと思います。ソリストも、それで果たして歌いやすいでしょうか?

　複雑な伴奏譜を避けるのは、怠け心ではありません。その逆です。弾きやすい楽譜を考え出す作業は、とても時間がかかります。書かれている音符を、オーケストラ演奏を聞きながら再考し、自分の弾きやすい形に変えます。自分のオリジナルバージョンを作ってみてはいかがでしょう。

　ロッシーニの「セビリアの理髪師」よりフィガロのカヴァチナ「Largo al factotum della citta」。右手は、6度とオクターブの連続で、これをそのまま速いテンポで弾くと、ピアノの轟音のような印象になりかねません。オーケストラによる演奏の場合、勇壮で、明るく輝かしい、ユーモアが散りばめられた音楽です。そんな印象に近い伴奏をピアニストも目指さねばなりません。最良の効果を考えながら、自分が弾きやすいように、音を削ります。テンポが速いので、6度音程の下の音を省いても気づかれることはありませんし、ずっと弾きやすくなるはずです。オーケストラから転写された左手のフィギュレーションは、音程の繰り返しが多く、ピアノによる演奏はほぼ不可能です。音と音程を順序だてて組み直すことが必要となります。

　たとえば、このような方法があります。

09

オペラアリアの伴奏

113

カヴァチナの前奏部分も、音型を簡素化しなければなりません。いくつかの版では、中に3度が入るオクターブで書かれていて、それは演奏不可能です。6度音程の場合も、1か所（もしくは2か所）で、右手の下の音を削除してはどうでしょう？

　忘れてならないことは、ソリスト各人に自分のテンポがあること、ピアノも鍵盤が固めであったり、その時々で状況が違う、ということ。さらに、何度も弾いてきた伴奏を、再度さらう時間があるとは限りません。そんなすべての要素が演奏に作用します。ですので、カットのバージョンも数種類の「手持ち」を用意しておくと安心です。

　モーツァルトのオペラ「フィガロの結婚」よりフィガロのアリア。技術的に難しくはありませんが、伴奏の行進曲部分は、遠くで聞こえるような効果を出さねばなりません。下降する16分音符の3度は軽くリズミカルに、動きを止めないように。楽譜通りに弾いても求められる音色を出すことはできますが、ここでも念のため、より簡単なバージョンも用意しておくと安心でしょう。

このようなちょっとした「改定」は、曲のテンポが速いため、誰にも気づかれないはずです！
繰り返しますが、このような「改定」を必要としない奏者もいます。しかし、速いテンポで下
降する3度音程のこのような演奏方法は、他の作品にも応用できるので、参考にしてください。
　似た例が、ロッシーニのオペラ「セビリアの理髪師」バジリオのアリア「La calunnia」です。

出だしのテンポは速くなく、3度は、書かれている通りに演奏できます。次の左手の16分音符は、リズムを「死守」する必要はありません。オーケストラによる演奏ではとても短く聞こえます。テンポは徐々に増して（歌手次第ですが！）いきますので、3度音程、のちにオクターブをそのまま弾き続けていくと、窮屈で重たい伴奏になりかねません。そこで、このようなバージョンはいかがでしょうか。

　もう一つ、オーケストラに近い響きが特に求められるアリアは、ヴェルディのオペラ「リゴレット」のアリア「Cortigiani, vil razza dannata」。まず冒頭、ソリストの希望次第ですが、前奏を、減七の和音の動きの部分からと考えるのが論理的でしょう。その際、弱拍の「ファ」の音から始めます。一拍目の「ソ」が、前の動きの終点となっているからです。オクターブは、両手で弾く方が、粒がそろいしっかりとした音になります。

　アリア「Andante mosso agitato」の6連符は、不安げに、急がぬように。2拍目と4拍目の反復では、伴奏の状態と雰囲気を保つための対策が必要です。その方法はいくつかあり、たとえば、右手、左手共に出てくる連続の3音は、左手の方をはっきりと繰り返し、右手はハーモニーを意識します。あるいはその逆に、右手の繰り返し音（上声）をはっきりと弾いて、左手のハーモニーで支えます。いずれのパターンでも、1拍目と3拍目だけではなく、2拍目と4拍目も強調しなければなりません。

Andante mosso agitato

Cor - ti - gia - ni, vil raz - za dan -

mf

　上記エピソード部分では、2拍目と4拍目のオクターブは両手で弾くとよいと思います。その方が、下の音にもしっかりとしたアクセントがつきます。そして、右手の二つの8分音符をつなげることもできます。最初の小節では大した違いはありませんが、2小節目ではこの方が弾きやすくなります。ですので、1小節目からこの弾き方で統一すればよいと思います。

　Des-dur のエピソード部分、左手はチェロ、右手はイングリッシュホルン。このメロディーは歌と重なっています。イングリッシュホルンの速いテンポの 16 分音符は、左手チェロの 3 連符の 16 分音符と重ならないように。右手はバリトン歌手と一緒に歌うように。左手は譜面通りに、二つの音をスラーでつなげ、その他の音はスタッカートです。この動きはずっと続きますので、統一された指使いが望ましいと思います。

　たとえば、次のような指使いです。

　ここのエピソード部分でとりわけ大事なのは、ペダルです。左手の 16 分音符を一つのペダルでつなげて、ハーモニーのようにしてはなりません。ここはチェロが演奏している部分です。耳でのコントロールと演奏技量が問われます。

　ヴェルディのオペラ「アイーダ」のアリア「Ritorna vincitor!」でも、伴奏譜には前奏がないパターンが多いです。そのような時には、下に表記したように、ピアノ用スコアの前のページの 8 小節を前奏にします。

　出だしは、飛び立つようなイ長調のスケール。下の音で一瞬立ち止まり、その後のパッセージは正確にはっきりと、ペダルも使います。この場合は、パッセージを際立たせるために、ペダルは必須です。その後は、和音ごとにペダルを踏みかえ、短い音はリズムが崩れないように。

　このアリアにはトレモロがたくさん出てきます。それはいずれも同じ形で、最初にハーモニーと一緒に入り、トレモロが加わります。ハーモニーの変わり目でも、トレモロは最後まできっちりと弾いて、ハーモニー間に「穴」があかないようにします。ペダルを深く踏み込み過ぎると、唸るような音になってしまいます。簡単に、素速く踏みかえられるようにするためにも、ペダルは浅くします。Piu mosso の箇所の反復は、ペダルを最小限にして音をはっきりと、左手はレガティッシモでつなげます。

　ソリストの高音「シ♭」の前は、特に注意深く聞いてください。声を待つ間、少し間隔を広げる必要があるかもしれません。

　次のエピソードは、クラリネットのソロです。アウフタクトの16分音符を大切に、カンタービレを心がけます。ピアノ用スコアには、オーケストラのどの楽器が演奏しているのかが表記されていませんが、これは、とても重要なことです。伴奏ピアノの右手はクラリネットのように歌い、左手のトレモロは、細かく、震えるように、ペダルもできるだけ細かく踏みかえます。

Allegro guisto のエピソードでも、ペダルは重要です。それぞれの4分音符に、短く、細かくペダリングします。左手の上昇スケールは、最後の楽章へと導きます。ですので、ここは正確に数え、流れるように、少し広げつつも、動きはゆっくりにならぬよう、先のテンポと音色を考えながら弾きます。

　その後はトレモロが続き、ハーモニーはそのままのテンポで自然に変わります。ハーモニーが変わる頻度が高くなるにつれて、ペダルは細かくしていきます。

　後奏部（終わりから5小節）の左手は、ファゴットの音色を意識し、表現豊かに歌いましょう。最後はペダルをつなげて一つのハーモニーにするのではなく、ひとつずつ音が聞こえるように。オーケストラでは、ここは同じ楽器が演奏しています。

ここまでは、音符が密な伴奏のケースを考察してきました。稀にですが、逆に、ピアノ伴奏パートに音符が"足りない"こともあります。すき間が多い、と言うか、奇妙な「穴」が開いているような印象なのです。もちろん、それは編曲次第ではあります。

その観点で、おそらく最も良く知られているのが、サン＝サーンスのオペラ「サムソンとデリラ」のデリラのアリア「Mon coeur s'ouvre a ta voix」でしょう。アリアは最後に、サムソンとの二重唱（デュエット）へと移っていきます。このアリアの最後の二重唱部分は、単純にスコアから書き写されたピアノ伴奏譜にはありません。オリジナルに近い、熟考された編曲楽譜では、サムソンのパートがピアノ伴奏に反映されています。

09

オペラアリアの伴奏

グノーのオペラ「ファウスト」よりマルガレーテのアリア「Ah! je ris de me voir Si belle en ce miroir!」でも、右手が"手すき"になる箇所があります。オーケストラ版を見ると、ここにはハーモニーの上昇音形があり、これは声が入る支えとなっているのですが…。ここは弾くべきだと思います。楽譜の版によっては、伴奏譜に書かれているものもありますので、参考にしてみてください。

A.3400 G.104

ヴェルディのオペラ「椿姫」より、ヴィオレッタのアリアの終わりは、通常、アルフレード
との掛け合いも、もう一つの声楽パートとして表示されています。この「アルフレードの声」
は、伴奏に取り入れねばなりません。オペラでは、ヴィオレッタはアルフレードの声を聞いて
反応するので、ここの二人のやり取りはとても重要です。アルフレードのかけ合い部分は、表
記下通りのト音記号で弾くのではなく、聞こえる通り、つまり第１オクターブで弾きます（通
常、テノールのパートは、実音より１オクターブ上に書かれていますので）。

すべての作品について書き尽くすことはできません！

ここまで述べてきたいくつかのルールをまとめてみます。

オーケストラ作品の伴奏をする際、まず何よりも大切なことは、オーケストラのオリジナル
演奏を聞いて、楽譜に、演奏している楽器を書き込むことです。

ピアノ伴奏譜の良し悪しは、どのように判断すればよいでしょう？

伴奏者に疑念を抱かせるアレンジ譜とは、どんなものなのでしょう？

１．左手に、速いテンポのオクターブが p で書かれている場合。これはオーケストラのチェ
ロとコントラバスのパートをそっくりそのままピアノ伴奏譜に転写したパターンです。ピアノ
でこれを弾くと、まるでオクターブ奏法のテクニック聴かせどころ、のようになってしまいま
す。オクターブの、どちらかの一音、たいていは低音の方のみ弾くと良いでしょう。たとえば、
オペラ「カルメン」の最後のシーン。テンポは速く、緊張に満ちた揺るがぬリズム…。右手の
和音は正確に。ソリストにとって、ここはとても難しいエピソードです。この左手のオクター
ブは、ほぼ不可能だと思いませんか？（右ページ　譜面Ａ）

２．左手のハーモニー伴奏での、無鉄砲で無意味な跳躍の連続。オーケストラでは、低音と
ハーモニーを異なる楽器が演奏しているので、軽く、速く聞こえます。一方、ピアノ一台で伴
奏する場合、跳躍の「幅」を弾きやすいところまで極限に縮小しなければなりません。このよ
うな例は、オペレッタの伴奏で頻繁に見受けられます。（右ページ　譜面Ｂ）

3．右手に、メロディーの他に演奏が難しい音程がついている場合。このような場合には、数音を左手に移すか、まったく無視するか、です。

カールマンのオペレッタ「伯爵夫人マリツァ」よりチャルダッシュ。勢いのあるテンポ、疾風のような踊りを、右手だけで表現するのは、技術的に非常に困難です！　ここはメロディーのオクターブだけを弾きましょう。左手の跳躍部分は、時に「縮め」、つまり、もっと音程を近づけて"手中"に収まるようにします。

4．和声が、片手に複雑に絡み合っている場合…つまり、声部が何層にも重なっている場合。オーケストラの演奏を聞いて、どの声部が一番はっきりと響いているか、どの声部を頼りにソリストが歌うのかを聞き取ります。そのためには、いくつかの声部を犠牲にすることも、時には止むを得ません。

チャイコフスキーのオペラ「スペードの女王」よりリーザのアリア。Piu mosso のエピソードで、ハープが奏でるアルペジオが出てきます。ピアノ伴奏譜の場合、通常ここはオプションとして、つまりメインの伴奏以外に、別行が表示されています。しかし、オーケストラ演奏を聞くと、ハープのアルペジオが一番耳につき、ヒロインは、それに"乗って"歌います。このアルペジオを両手で弾きましょう。左手で下から始め、3拍目で右手にバトンを渡します。3つ目の4分音符は、左手で「印す」程度にとどめ、細かい音をすべて拾わなくても良いでしょう。

　5．分散和音。オーケストラの場合、分散和音はハープが演奏しています。ピアノ伴奏用の
アレンジでも分散和音は出てきますが、それはおそらく、オーケストラでハープがアルペジオ
を弾いており、それをそのままピアノ伴奏に移し替えているのでしょう。しかしハープのアル
ペジオは、とてもまとまり、和音のように聞こえます。下記のハチャトリアンのヴァイオリン
協奏曲第1楽章を参考にしてください。分散和音はオーケストラの演奏のように、エネルギー
にあふれ、はっきりリズミカルにまとめます。

6．音程の幅が大きい和音の場合は、分散して弾いたり、ばらばらと広げて弾いてしまうと、オーケストラの響きからほど遠くなってしまいます。ハーモニーを構成する音をオクターブの中にまとめ、すべての音を一緒に弾けるようにします。特に、アクセント記号がついた和音はなおさらです。

チャイコフスキーのヴァイオリン協奏曲の第１楽章より、二つ、例を見てみましょう。
楽譜Ａ（左ページ）のように、左手の上音を右手に任せることで、バスを伸ばし続けることが可能になります。楽譜Ｂは、手が小さいピアノ奏者に弾きやすい方法だと思います。このようにアレンジして、ハーモニーを分散させない工夫が必要です。

チャイコフスキーのオペラ「スペードの女王」、リーザのアリアより数小節を例に見てみます。左手の広いハーモニーは、バスと和音に分けて考えます。下のバス、上の和音、と分けて考え、絶対に分散させて弾いてはなりません。オーケストラの響きと異なってしまいます。楽譜Ｃ（次ページ）

　両手に分解されたハーモニーがある場合。やはりリーザのアリアにそのような箇所があります。テンポは速く不安げに、リズムははっきりと正確に。伴奏の16分音符の3連符は、音の粒をしっかりそろえて。ここは弾き方を少し変え、左手の3連符の後の8分音符を右手で取ります。このようにすると、左手は慌てることなく、ハーモニーの変わり目でとりわけ重要な役目を持つバスを強調できます。ただし、この方法では弾きにくく感じる方もいるでしょう。しかし、物は試しです。一考の価値はあると思います！（楽譜D）

7．最後に、作品の形式をヒントにしてください。モーツァルト、ロッシーニ、ドニゼッティ、ベッリーニ、ヴェルディと言った作曲家のオペラ作品では、密な音型の伴奏はほとんどありません。ロマン派時代の作曲家のオペラ作品では、密度の濃い音型の中で、際立たせるべき音を選別し、メリハリをつける必要があります。

　数多くの作品を例に、考察してきました。繰り返しになりますが、オーケストラ作品のピアノ伴奏譜を手にしたら、まずしっかりと読み込んでください。頭の中で、どの楽器が演奏するのか、まずはイメージしてみます。そして必ず、オーケストラによるオリジナル演奏を聞き、楽譜に、どの楽器の音色か書き込みます。自分のイメージと実際の楽器が一致するととても楽しいものです！　逆に、意外な発見につながることもあります。同じ作曲家の作品をいろいろ弾き込んでいくと、次第に見当がつきやすくなるものです。もしピアノ伴奏譜に、どうしても弾きにくい場所があれば、再度オーケストラ演奏を聞いたり、他の伴奏者の演奏を聞いたり、別の版の楽譜を手に取ってみたり、と解決の糸口はいろいろあります。情報社会の昨今、ユーチューブや、IMSLP Petrucci Music Library などの電子図書など、模索の可能性は無限です。より良い演奏を目指そうという気持ち次第です！　試行錯誤の結果、自分にとってベストなバリエーションが、必ず見つかるはずです。

　どうして、そこまでこだわる必要があるのでしょう？　ピアノパートは伴奏であって、ピアノの演奏技量を発揮するソロ演奏ではないのに？　主役はあくまでもソリストで、伴奏は脇役にすぎないのに？
　同じ曲を、さまざまなホールで、さまざまなソリストと共演するうえで、テンポや感じ方もその都度違います。伴奏者には、臨機応変さと簡素さ、そして共演しやすさ、という要素が求められます。ピアニストがあたふたと必死に伴奏している姿は、聴衆に見せたくないですね。私たち伴奏者の使命は、あくまでもソリストのサポートなのですから！

10…楽譜、譜めくり、ステージでの立ち振る舞い

　伴奏ピアニストにとって、永遠に答えが見つからない問題が、本番での譜めくりでしょう。楽譜無しでステージに出ることは、無理です。たとえピアノ伴奏のパートを完璧に暗譜できていても、ソリストにも注意を向ける必要があるからです。もしソリストが間違えてしまったら…。伴奏者は、時には大きくカットするなど、素速く対応し、ソリストに合わせねばなりません。メロディーを繰り返し弾いて"場つなぎ"をしなければならないこともあり得ます。ですから、楽譜は絶対に必要です！ 難儀なのは、楽譜をめくるときに、どうしてもいくつかの音を省かねばならないこと。焦ってページをめくりそびれることもあります。紙はどうしてもくっつきやすいですし、慌てて楽譜を落としてしまうことも考えられます。

　譜めくりの方法は、二つ。自分でめくるか、人に頼むか。どちらが良い、という答えはありません。いずれにも、長所と短所の両面があります。

　自分で楽譜をめくりたくない場合は、譜めくりをお願いすることになります。

　譜めくりを誰かに頼む場合、リハーサルの時に来てもらい、どこで、どのタイミングでページをめくればよいのかを確認することもできます。しかし、音楽的知識があり、楽譜の読み取り能力が高い人に毎回"当たる"とは限りません。本番で初めて楽譜と対面することになった場合、神経質になってしまい、ページをめくろうと、やたら早く立ち上がったり…そうなったら、頼みの「譜めくりさん」は、本番のサポートとはほど遠く、伴奏ピアニストにとって不安とストレスの元凶にすらなりかねません。終わりの方で、ああ、こんなことなら自分でページをめくればよかった…と後悔の念すら抱くことになってしまいます。

　私は、まず最初は、譜めくりを人任せにしないよう考える方が良いと思うのです。もちろん、音符がたくさんの複雑な作品の場合、自分で譜めくりをするのは無理です。頑張って自分でページをめくると、数音を犠牲にすることになってしまいます。譜めくりをする人はどうしても必要でしょう。何よりも自分が安心して演奏に集中できる、信頼できる人に、譜めくりを依頼しましょう。

　今の時代、さまざまな譜めくりの手段があります。
　まずは、コピーの活用。コピー機がなかった時代（それは、そんなに前の時代ではないので

す！）、伴奏ピアニストは、重たい楽譜集を持ち歩かねばならず、どんなに短い曲でも、一回はページをめくらねばなりませんでした。コピー機の登場とともに、重い楽譜を持ち歩く必要はなくなり、4～5ページの小品やロマンスは、コピーした楽譜を横につなげてページをめくる必要をなくすことが可能となりました。

　楽譜のサイズを, たとえば A3 から A4 に縮小することもできます。そして小さくしたページを縦二列につなぎ、B4 サイズや A3 サイズに作り直すこともできます。このようにすれば、譜面台に 12 ページ分ほど、一度に広げることが可能です。もっとも、音符がかなり小さくなってしまいますから、かなり見にくくはなってしまいます。

　楽譜の修正には、結構な労力と時間を要します。コピー譜をつくるのであれば、事前に仕上げ、ページの配置に慣れておく必要があります。しかし、大変便利な方法です。たとえば、シューベルトの「魔王」では、自分で楽譜をめくる余裕はまったくありません。でも譜めくりの人が手配できない時には、自力で対処するしかないのです。

　さらにコピーが便利なのは、ページをめくる場所を考慮して、数ページを追加で貼り付けられることです。いずれにしても、文明の利器であるコピーを存分に活用しましょう！

　楽譜をめくるタイミングについても、考えておく必要があります。右手でめくるか、左手でめくるのかは、ページ末の音型次第です。もし左手に長いバスがある場合、ペダルでつなげば、左手を使えます。あるいは、ページをめくる際、いくつかの音を飛ばしても、悟られない場合もあります。素速い巧みな譜めくりは、熟練次第。素速く、と言ってもバタつくのではなく、動きはコンパクトに丁寧に、そしてスムーズに。ページの端を軽く折っておくと、二本の指でつかみやすくなります。ページをめくる際は、動きを最小限に抑え、流れるような一つの動作で鍵盤へ手を戻します。そのような一つなぎの流れで動けば、客席で見ていて目障りではありません。

　楽譜をめくりやすいタイミングの休符がページの終わりの数小節目に出てくることがあります。あるいは、次のページの始めに。そのような場合は、数小節を暗譜してしまい、休符の場所でページをめくります。譜めくりのタイミングは、よく考えなければなりません。ページの終わりでめくる余裕がない場合は、楽譜に自分で印をつけておきましょう。印は、文字でも、矢印でも、自分がわかりやすいように。オーケストラでは、通常 V.S (verte subito) と表記されています。

　コピー譜の長所はたくさんありますが、短所もあります。薄い紙は、わずかなすき間風やエアコンの風で揺れ、勝手にめくれてしまったり、譜面台から落ちてしまうアクシデントも起き得ます。ページめくりの作業を避けるため、楽譜を 5 ページ、6 ページも横つなぎにしてしま

うと、両端が譜面台から垂れ下がってしまいます。譜面台からぶら下がる楽譜の端っこは、わずかな風に揺れ、これも楽譜がずれ落ちる要因になりかねません。それに、とても見栄えが悪く、聴衆は、今にも楽譜が譜面台から滑り落ちるのでは、ピアニストは最後まで弾けるだろうか、と気になり、音楽に集中できなくなってしまいます。音楽に集中できない環境を作ってはなりません。譜面台には、5ページまでならなんとか乗るでしょう。高さはA3サイズまで。その際、楽譜の下にしっかりとしたファイルや表紙を置いて支えます。

　私は写真用のアルバムのページを3枚つなげました。黒地で、写真を挟む透明なフィルムで覆われていますので、光沢があり、ピアノと調和し、目立ちません。しかもピアノの譜面台が高く、横長になりますので、楽譜がしっかりと収まります。エアコンの風を抑える役目も果たしてくれます。

　近年、演奏家の間には、紙に印刷された楽譜ではなく、iPadのような電子楽譜を使う人も増えてきました。これは、利点が非常に多いです。図書館がそのまま入ったようにデータは膨

大で、どのような楽譜も入手可能です。持ち運びにも便利です。本番に楽譜を忘れることも起こりません。どんな隙間風が吹いても怖くないし、野外コンサートでも本領発揮です。譜面灯が暗い、などという問題も起きません。何しろ画面そのものが明るいのですから！　なんと理想的な発明品でしょう！

　でも…実はここにも「落とし穴」はあります。iPadを使って本番前にリハーサルをし、充電を忘れていた！　一番肝心なところで、本番中に画面が消えてしまう…。

　そしてここでも、ページめくりの問題が出てきます。ページをめくる方法は、画面の端を指でタッチするか、専用のペダルを使う、つまり足で行います。指揮者や合唱指揮者にとっては、大変便利です。楽器奏者も、たとえばチェロ奏者など、足での譜めくりは、リハーサルで慣れておけば、やはりとても便利です。チェロなどのソロパートの場合、大きな作品でもパート譜のページ数はさほど多くはありません。それに休符もあります。iPadで楽譜を変えやすいタイミングを考え、たとえば半ページずつの画面に変えることもできます。ところが、ピアノは、とくに伴奏ピアノのパートは、ソロ楽器よりもずっと長く、しかも譜面にはソリストのパート譜も表示されています。つまり、ページをめくる回数はずっと多くなり、休符は少なく、両足ともペダルに使います。指でタッチしてページをめくるには、大きなコツがあります。正しい場所を、正しい力でタッチしないと、一気に数ページ先に進んでしまい、そうなると元に戻すことは至難の業です。このような場合は、譜めくりを誰かに頼む方が安心です。ただし、紙の楽譜同様、iPadの譜めくりにも経験と慣れが必要です。さまざまな問題や改良点は残っているものの、これからはやはりこのような電子楽譜の時代となるでしょう。

　今後、ページをめくるためのさまざまな方法が考え出され、やがて理想的な形にいたるのでしょう。今はまだ、私たちは普通の楽譜をステージで使うことが多いですね。

　作品を読み込み、弾き込んでいくプロセスで、iPadは大変便利です。オーケストラ作品のさまざまな版をチェックできます。インターネットで楽譜をダウンロードしたら、印刷せずにそのまま譜読みできます。それは、時間と紙、インクの節約にもなりますね。

　どのような形状であれ、伴奏者の楽譜は理想的にまとめられていなければなりません。コピー譜の場合はしっかりと貼り付け、どこでページをめくるのかを考えて、折りたたみます。そして本番に向けて、その楽譜に慣れておくことが必須です。

　本番前には、プログラム順に楽譜を並べ、ステージに出る前に、再確認します。楽譜を、他の楽譜の間に挟むことは禁物です！　楽譜を開いたら別の楽譜だった、などということになれば、ステージで気が動転してしまいます。楽譜は、プログラム順に重ねて準備しておきましょう。

　ステージに出たら、それをピアノの譜面台の左側に置きます。弾き終わった曲をピアノの右

楽譜、譜めくり、ステージでの立ち振る舞い

側に置くことは、客席から見てあまり美しくはありません。客席から見える譜面台の右側は、何も置かずに空けておきます。弾き終えた楽譜は、左側に置いた楽譜の一番下に置き、次の曲の楽譜を上から取ります。すべてを弾き終えた時点で、また最初と同じ順序に楽譜が重なっている、ということになります。こうしておくと、たとえば、アンコールでプログラム中の作品を再度演奏する場合にも、伴奏者はその楽譜をすぐに見つけることができます。

　　　楽譜の全集の中の数曲を伴奏する場合ですが、弾く曲が全集の順番通りに並んでいるとは限りません。曲順を書いたしおりか付箋紙をはさんでおくか、弾き終えた曲の一番最後の箇所に、次に弾く曲のページを、自分で書いておきます。これはお勧めの方法です。鉛筆で書き込んでおけば、簡単に消すことができます。伴奏ピアニストが、パラパラとページをめくって必要な楽譜を探すのは、大変見苦しいです。弾き込んでいない、楽譜に慣れていない、という印象を与えてしまいます。

　　コピー譜を使う際に、もう一つ気をつけねばならないことは、演奏前に、伴奏者が譜面台いっぱいに、がさがさと音をたてながら横につなげた楽譜の"帯"を広げる行為です。ソリストも、そして聴衆も、演奏の態勢、聞く態勢に入っているわけです。その貴重な「間」を台無しにしかねません。演奏会そのもののリズムも壊してしまいます。コピー譜は時に思いがけぬハプニングを引き起こしかねないので、本番に向けて、より目立たない形の楽譜の準備が必要です。

　　些細なことのようですが、とても大切なことです。伴奏者は、ステージでは一人ではありません。そして、伴奏者は「お供」、サポーターです。ソリストが伴奏者に求めるのは、サポート、共感、安心、そして協調です。伴奏者は、目立たず、控えめな脇役に徹しましょう。本番前に楽譜がない、どうしよう、…などということにならぬように！　伴奏者の自制心、集中力こそ、ソリストと、そしてコンサート全般の成功につながることを忘れないでください。

　　もちろん、どんなに注意深い人でも、長い音楽活動の中では思わぬ"事件"や"驚き"は起こり得ます。楽譜を忘れた、楽譜が床に落ちた、プログラムを間違えた、楽譜が見つからない…そんなこともあるでしょう。しかしこれは、一度限りのハプニングにしましょう。日常的な悪癖にしないこと。
　　あらゆるシチュエーションに対処できるように…伴奏者には、本当にいろいろなアクシデントがつきものなのです！　どんなに万全を期しても、何か起きてしまうもの。私はいつも鉛筆と消しゴム以外に、楽譜を貼るためのセロハンテープと小さなハサミ、針と糸、そしてピアノ

のふた用の小さな木の棒を持ち歩くようにしています。それが何度、役に立ったことか！　自分だけではなく、ソリストを救い、感謝されたこともあります。

　伴奏者は、ソリストの後ろについてステージに出ます。もっともヨーロッパでは、ソリストが男性で伴奏ピアニストが女性の時、レディーファーストで伴奏者がソリストの前を歩くこともあります。ピアノの前に座り、楽譜の準備ができたら、ソリストに目を向けます。ソリストの準備はできているでしょうか？　ソリストは準備が整うと、通常、軽くうなづきます。声楽家の場合は、準備ができたら、顔をさっと上げて、客席に目を向け、作品のイメージに入り込みます。

　楽器奏者の場合は、通常、トーンチェックをします。それは、この先続く音楽の音程を定めるためにとても重要ですし、聴衆が入ったホールで少しでも音を出すことで、気持ちを落ち着ける意味でも、大切なプロセスです。ピアニストのトーンは、あまり大きくない音で。音楽が始まるわけではありませんから、柔らかく、控えめに。この一音は、あくまでもソリストのためだけで、聴衆に向けた音ではありません。
　弦楽器の場合は、第1オクターブの「ラ」（ヴァイオリン、ヴィオラ）、あるいは一つ下のオクターブの「ラ」（チェロ、コントラバス）、ニ長調かニ短調の3和音です。明るい長調の方が、気持ちが高揚します。ソリストの中には、短調を好み、第一転回和音や増3和音を望む人もいます。管楽器の場合には、音は一つ、たいていは「ラ」「シ♭」「ド」など、楽器によって異なります。

　ステージでは、ピアノの前に立つ人がソリストです！
　伴奏者は、ソリストの細かな解釈の変化に順応し、常に寄り添い、気持ちを一つにして演奏しなければなりません。
　伴奏者は余計な動きを極力避けましょう。身体中で「共演」を強調し、まるで「私はここよ！あなたのどんな呼吸も感じているわよ！」とばかりにソリストの方へ体を傾け、目で合図することは望ましくありません。サポートに徹する伴奏者には、謙虚さが必要です。注目され、目立つことは禁物です。
　伴奏者に対する評価は、外見ではなく、質の良い、場をわきまえた「お供」なのです。

11…合唱の伴奏

　合唱団の伴奏は、日本で広く普及しています。多くの合唱団が、伴奏ピアニストを必要とします。主としてフリーで活動している伴奏ピアニストにとって、合唱団の伴奏は多くのメリットがある仕事です。まず第一に安定性。そしてさほど「骨の折れる」仕事ではないわりに、大変創造的であることです。

　合唱団の伴奏には、ソリストの伴奏とは大きく異なる点があります。

　まず、ソリストのパートが1行であるのに対し、合唱団の場合、大きな合唱スコアを読み取らねばなりません。合唱スコアもさまざまなタイプがあります。2つのパートが一つにくくられている場合、それぞれのパートが別々になっている場合などです。もちろん、2声、3声の女性合唱の場合は、すべてト音記号で統一されていますので、読み取りはさほど難しくはありません。問題は、混声合唱の場合です。通常、4つのパートに分かれて表記され、テノールパートはト音記号で、つまり実際の音よりも1オクターブ上に書かれています。従って、頭の中で音域を1オクターブ下げ、バスのパートと合わせて考えなければなりません。まれなケースですが、すべての男性パートがヘ音記号で表記され、読みやすい時もあります。合唱スコアの読み取りは、何よりも慣れが必要です。シンプルな作品からより複雑な曲へ、伴奏の経験を積んで慣れていかねばなりません。

　経験の浅い伴奏ピアニストの中には、合唱スコアの読み取りが難しいため、あるいは"念のため"、と、スコアをピアノ用に、つまり両手用に書き換えることがあります。これは避けた方が良いと私は思います。先々合唱団と仕事を続けていく気持ちがあるのであれば、なおさらです。まずなによりも、この書き換え作業には大変な時間を要します。それにすべてを書き換えられるわけではありません。それから、練習の際に合唱団の特定のパートがピアノと合わせる必要性が生じた場合、両手に書き換えた楽譜は役に立ちません。合唱スコアを習得しておく方が、後々ずっと手間が省けるはずです！

　まずはアカペラの合唱曲から慣れていきましょう。声部の動きと、左右両手に配分された声のパートに注意しながら、ゆっくりと弾いてみます。そして、徐々に複雑な曲に慣れていきます。はじめは不慣れな感じがしますが、次第に慣れてくるはずです。通常は、右手と左手に、それぞれ2つずつのパートが配分されています。つまり、右手で女性の声部、左手は男性の声

部。ただし、各声部が微妙につながり合い、ユニソンとなったり、高さが変わることもあり、片手で3つの声部を、もう片方の手で一つの声部、となるケースもあります。声がもつれ合い、それが同じオクターブ内である場合、ピアノでそれをすべて再現、演奏することは不可能です。音を明確にさせるために、いくつかの音を犠牲にするしかありません。

　絶対に守らねばならない条件は、バスのラインを保つこと。バスは、合唱を縦割りに考えるとその底辺にあります。メロディーの土台でもあります。中声部が抜けても、大きな障害にはならないはず…もっともできるだけすべての音を網羅する心がけは必要です。まず始めに、片手で声部を分けて弾き、その後両端のパートである高声部と低声部を弾き、さらに中声部を両手で弾いてみます。その際、テノールのパートを頭の中で1オクターブ下げて考えます。

　とりわけ大切なのは、スコアで、メロディーの動きを読み取ることです。メロディーラインは、一つのパートから他のパートへ移ることもあり、ピアノはその動きを明瞭に表わさねばなりません。

　リハーサル時に伴奏者に求められることは何でしょう？　そして、リハーサルに向けて、どんな準備をしておけばよいでしょう？

＊合唱スコアの各パートを、ピックアップして弾いてみる。

　もちろん、歌のパート1行をピアノで弾くことはとても簡単です。片手間、とはまさにこのこと？　いえ、実際は、そうではありません。それぞれの声部には休符があり、その間も音楽が途切れぬよう、そしてリズムが乱れぬよう「間を補う」ことが必要になります。休符を埋めるのは別の声部か、伴奏ピアノです。つまりスコア全体を見て、何を弾くべきかを判断しなければなりません。もし別のパートがメロディーに入り込んでいる場合は、その部分の音量を少し下げ、パートを明確に区別します。特定の声のパートをピックアップして練習する際にも、全体の中にあるハーモニーを"添えて"練習することをお勧めします。すべてのピアノパートを弾く必要はありませんが、ハーモニーを意識することで、メロディーの変化を感じ、理解できます。これは特に中声部（アルト、テノール）に言えることです。

　合唱スコアにおいて、アルトのパートがメロディーラインをたどることはあまりありませんので、アルトパートの練習の時にはとりわけ、ハーモニーをピアノで補いながら弾いてみると、より聞きとりやすく、覚えやすくなります。

逆に、ハーモニーの土台であるバスのパートの場合、流れを崩さぬよう、他のパートの動きや拍、メロディーを補てんしながら伴奏します。

テノールの場合は、ピアノ譜に表記されているオクターブ上ではなく、実際の声の音域で弾きます。その際、上声部や低音部も、必要に応じて加えます。

＊２つのパート、３つのパートと、さまざまな組み合わせのバリエーションを、合わせて弾いてみる。

これはバッハの３声のシンフォニアやフーガと似ていますが、より簡単です。この時も、弾くパートを目で追いながら、どちらの手でどの音を弾くかを決めます。バスとテノールとのリハーサルの場合、テノールのパートを実際よりオクターブ上げて、つまり、楽譜に書かれている通りに弾きます。これは、二つのパートが同じ音域で、つまり近い距離に表記されているときに必要になります。同じオクターブ内で２声を弾くと、どうしても混ざり合ってしまい、それぞれの声のラインが聞き取れなくなる恐れがあります。

＊すべてのパートを、伴奏抜きで弾いてみる。

ただし、休符の場所は伴奏パートの音で補います。この作業を考えると、先ほど述べた、合唱スコアをピアノ用に書き直すことは無駄な作業で、好ましくない習慣となってしまいます。

＊必要に応じて、どの声のパートも弾き足せるように、楽譜を目で追いながらピアノ伴奏を弾く。

お勧めしたいのは、譜表の端にパート名を書き込んでおくこと。各ページにです。たとえば混声合唱の場合「S、A、T、B」、女声合唱なら「S、M、A」そして男声合唱の場合は、「T1、T2、B1、B2」。

楽譜上、近くに並ばないパート（たとえばソプラノとテノール、あるいはアルトとバスなどですが）、行やページが移った時に、目が追いつかない、視線が外れてしまう恐れがあります。速いテンポの作品の時は、なおさらです。決定的なミスとはなりませんが、見落としは残念ですね。それぞれの譜表の端にパートの頭文字を書き込む作業は、さほど時間はかからないはず。深く考えることはありませんし、テレビを見ながらだってできる簡単な作業です。

もう一つ、ソリストと合唱団の伴奏の違いは、合唱指揮者の存在です。合唱指揮者はレパー

トリー選びからリハーサル、テンポ、作品の雰囲気づくり、ニュアンスなどすべてを決めます。伴奏者は、合唱指揮者の助っ人となり、意向、意図、要求を音に体現せねばなりません。

　リハーサルでは、指揮者の指示に素速く応え、臨機応変に対応することが重要です。指揮者は途中で合唱団を止めて説明してから、次に始める箇所を指示します。それは、ページ番号であったり、小節番号、あるいはフレーズの始めの言葉です。そんな時、指揮者が話し終わるのを最後まで待ってからスタートの場所を探していたら、余計な時間がかかってしまい、合唱団を待たせてしまいます。リハーサルのリズムもくるってしまいます。そんなことにはなりたくないですね！

　指揮者の言葉にしっかりと耳を傾け、次にどこから始めるか、自分で予想しましょう。通常は、止めたところに一番近いフレーズから再開します。もし、フレーズの中間部分を直した場合、合唱団がそのフレーズの最初から歌い始めるようなときには、素速く4つの声部のトーンを出します。フレーズの冒頭の場合は、合唱団が歌い始めやすいように、伴奏は少し前から弾きます。自ら、指揮者が何をどうしたいのかを、一緒に考えます。

　リハーサルをスムーズにテンポよく進める指揮者は、途中で止め、意見を述べた後、始めたい箇所の歌詞を自ら歌い示すこともよくあります。もし伴奏ピアニストのせいで、リハーサルにブレーキがかかってしまうと、指揮者も合唱団もイライラし不満をため込んでしまうでしょう。

　入る場所を見つけやすくするために、フレーズの最初の小節を蛍光ペンのような目立つもので色づけしておくと良いと思います。繰り返しのある歌の場合は、色分けしておく…たとえば1番と3番は同じ色で、2番は違う色で。それならわかりやすいでしょう。

　二つ、例をあげます。

　両方とも、各譜表の端に、パート名が表記されています。

　この作品の場合、合唱のパートとピアノ伴奏パートは、非常に明確です。左側の楽譜では、女性の声部を練習する際に、左手でハーモニーをキープしながら、右手でソプラノかアルトのパートを弾いてみます。女性声部の長いスラーがかかった音の場所で、男性声部へ移ります。その際、少し音色を変えて、声の移り目を耳で意識します。左側のページの最後の2小節は、書かれているピアノパートをすべて弾き、右のページに移ったら、再度合唱譜を弾きます。このように、声部に休符があるときにも音をつなげていくことで、音楽が途切れることなく流れます。

合唱の伴奏

　合唱スコアは、カノンの形になっています。各パートは横のラインで流れると同時に、縦に見ると、全パートが同時に歌っています。合唱団は、隣り合う声のパートも聞き取らなければ

なりません。合唱伴奏を練習する時には、左手のバスでリズムをキープし、右手ですべてのパートの掛け合いを伝えます。たとえば、カノンが始まるテノールのパートを弾きながら、3小節目に出てくるスラーの長音で、アルトのパートを弾き足します。ソプラノの時も同様に、長音で伸びる時に、バスかアルトの音を弾き加えます。また、バスパートの練習の場合は、まずテノールのパートから始めて、ソプラノ、そしてバスの入りにつなげ、長音の時にテノールパートの音を加えます。カノンは次のページにまで続きますから、楽譜端にSATBとパートの表示を書いておかないと、ページをめくった時に行を見間違えてしまう恐れがあります。パート表記は、ぜひともお勧めします。

　合唱スコアの読み取りには、経験と実践が何よりも必要です。楽譜に、自分が弾きやすいよう、書き込みをしましょう。楽譜がまっさらである必要はないのです！　マルで囲ったり、矢印をつけたり、リハーサルの時に役立つと思われることを、なんでも書いておきましょう。経験を積むにつれて、目も慣れてきます。必要な場所をすぐに追えるようになってくるものです。そしてそのうち、綿密に楽譜の準備をしなくても済むようになるでしょう。しかし、経験をいち早く自分の技量につなげるためにも、最初のうちは楽譜研究と合唱スコアの準備に時間をかけましょう。

　合唱団の伴奏をする時は、合唱指揮者の言葉に耳を傾けるだけではなく、次に指揮者がどこから始めるのかを自分で素速く目算することも大事です。その指揮者のスタイルにこちらから近づくことで、次第に指揮者の意図を言葉半分でわかるようになってきます。ほとんどの合唱団はアマチュアです。アマチュアと言っても、メンバーの中には音楽性に長けたプロ顔負けの人も多く、伴奏者にもプロフェッショナリズムと機敏性が求められます。もたついて足を引っ張ったり、的外れな伴奏者にはなりたくありませんね。

　通常、伴奏者は、事前に楽譜をもらえますので、最初のリハーサルまでには時間があります。作品を研究し、先ほど述べた方法で楽譜を準備し、ピアノソロの箇所はできる限り暗譜して、最初のリハーサルに臨みたいものです。リハーサルの際に前奏を弾くよう言われた時、練習の時間不足を理由に断ることは、プロフェッショナリズムに大きく反すると私は思います。時間不足で完璧にほど遠いのですが…と言い訳をしても、誰も文句を言う人はいないはず。弾けません、弾きません、と断ることは絶対に良くありません。伴奏者と合唱指揮者は、合唱団メンバーよりも先に、作品を把握しておく必要があります。ピアノパート譜では、休符の後に入ってくる声部の「入り」がわかりやすいという利点があります。ある意味、指揮者よりもそのタ

11

合唱の伴奏

イミングを見つけやすいかもしれません。ピアノパート譜に「入り」のタイミングを示す音が見つかる場合もあるのです。

　言うまでもありませんが、伴奏者はプロとしてのわきまえを心がけ、リーダーは常に合唱指揮者であることを忘れてはなりません。ただ、何かヒントとなることを控えめに指揮者に申し出ても、それが関係を悪くするわけではありません。音楽を共にするときには、みんながパートナーであることを思い出してください。

　さて、リハーサルも終え、いよいよ本番を迎えます。ここでも、合唱団の伴奏は、ソリストの伴奏とは、まったく異なります。合唱団は、ソリストのように、その時々で移ろうフィーリングの変化や、作品への個人的な感情、自分ならではの作品解釈など、演奏上の自由はありません。また、その日の声の調子や、体調などのコンディション次第、ということもありません。合唱団の場合、すべてを統括するのは指揮者です。指揮者が、リハーサルで積み重ねた成果を引き出すのです。合唱団は、リーダーである指揮者の手の動きや、拍の刻み方、入り方、ニュアンス、時に言葉を伴う顔の表情などを見て従います。音を発するのは指揮者ではありません。指揮者の意図を音として発するのは、まさに伴奏ピアニストです。合唱団にとっても、ただ指揮者の手の動きを目で追うだけでついていくよりも、ピアノ伴奏の音を耳で聞きながら歌う方が楽なはずです！

　ステージ配置も、多くを示しています。ピアノの前に立つ人がソリストで、ソリストこそが主役、という鉄則がありました。合唱団の場合、ピアノの前には誰もいません。ソリストはいないのです。ピアノは、合唱指揮者と合唱団の間に配置されます。つまり、合唱と指揮者をつなぐ役目を果たします。伴奏者には、柔軟性と感性が求められますが、大勢の人を「誘導」するのですから、絶大なる意志と、エネルギーとパワーが求められます。ソリストの伴奏と比べると、音量もはるかに大きくなります。バランスの問題も、ソリストとの共演とはまったく異なってきます。ソリストとの共演の場合は、「音が大きすぎないか？」と気になりますが、合唱団との場合は、それはありえません。逆に、「ピアノの音は足りているか？」となります。音のパワー、明るさ、密度、音量は、当然、歌う人の数に比例して増していかねばなりません。一人の歌手の伴奏と、100人の歌手からななる合唱団の伴奏では、当然、ピアノが発する音の力も違って当然です！　だからと言って、常に大音量で、ピアノパートに強弱のニュアンスなど存在せず、ただパワフルでしっかりと音を出し続けるというわけではありません。

　私は長年、合唱団の伴奏の仕事をしていますが、最近まで、合唱伴奏の違いについて、じっくりと考えたことはありませんでした。しかし、先日ガラコンサートで共演した音楽家から、

このようなことを言われました。これまでに何人ものピアニストの伴奏で歌ってきたけど、あなたの伴奏で歌って初めて、合唱団をサポートする伴奏ピアノの存在を実感した、と。常に合唱団のために音を奏で、合唱のパートと溶け合っていた、と。私はその言葉を聞いて、いったい何が違うのだろう？　と自分なりに考えてみたのです。

　作品のテンポや性格を指示する合唱指揮者の手を常に見ながら弾くと、どうしても少しだけ遅れてしまったり、動きが極端になってしまったり、時にはぼやけたり、不自然になってしまうことがあります。リハーサルですべてを創り上げてきているわけですから、伴奏者は、本番でずっと指揮者を見続けなくても、すでに何もかもわかっているはずです。そのさまざまな変化をしっかり頭においた上で、指揮者の合図を待たずに、テンポの変化を予測し、作品の性格を考えて、合唱団を積極的にリードします。そうすれば、ピアノ伴奏は合唱団の響きと一つになります。伴奏者は、ただの共演者ではなく、合唱団に進むべき道を示し、手を差し伸べ、引っ張っていかねばなりません。伴奏ピアニストは、消極的になってはなりません。伴奏パートを上手に弾きこなすだけでは物足りないのです。演奏にエネルギーと意欲を注ぎ、積極的に抑揚をつけて弾き進めます。

　視界には常に指揮者を置き、意識します。演奏の出だしも、指揮者のアウフタクトから始まります。そして、指揮者の振り終わりで、音が止まります。本番中に起こり得る変化にも、敏感に対応せねばなりません。そして、動きやバランスを考えながら、迷うことなく進みます。本番ステージでは、何が起こるかわかりません。どんなアクシデントがあっても、それを挽回するサポートを、私たちピアニストは求められます。たとえば、合唱パートのいくつかの音を拾って「穴を埋める」など…。自分のパートだけにとどまらず、周りの全ての音に耳を傾け、瞬時に判断していかねばなりません。もし誰かが入りを間違えてしまったら、あるいは音を伸ばしきれなかったら、伸ばしすぎてしまったら…そのような時、指揮者が手の合図で修正するより簡単に早く、ピアノはミスを修復できます。合唱団が困った局面にぶつかった時、ピアニストがただ自分のパートだけに固執して合唱団を"放っておく"のではなく、ピアノパートの音を余分に繰り返すことで、演奏に穴をあけず手助けをできます。共演とは、そのような「協調」ではないでしょうか。このような"余分な音"は、聞き手にはわかりません。しかし、ステージ上で足並みがそろっていなかったり音程が危うい場合、聴衆も敏感に感じ取ります。多くの場合、それはアマチュア合唱団に起こり得るアクシデントですが、日本には本当に多くのアマチュア合唱団が活動しているのです。合唱団の伴奏者を指揮者のアシスタントと考え、良質の演奏の責任を担う心がけが大切です。

11

合唱の伴奏

12…「第九」合唱の伴奏

　もう一つ、合唱団との仕事で、伴奏ピアニストが活躍するのが、ベートーベンの「第九」です。合唱団の通常の演奏会と「第九」の伴奏の大きな違いは何でしょう？

　一般的な合唱団の演奏会では、伴奏ピアニストはすべてのリハーサルに参加します。そして、本番でも合唱指揮者と共にステージに登場します。つまり、コンサートへ向けての準備のプロセスから本番にいたるまで、ピアノはずっと合唱団と共にあり、ピアノのソロパートにおいては、自分の感情や音色の変化など、ある程度の自由は許されています。

　一方、「第九」の場合、伴奏者が必要とされるのはリハーサルだけです。本番には参加しません。合唱指揮者も、ステージに出るのはカーテンコールだけです。

　リハーサルの段階でピアニストに求められるのは、オーケストラの代わり、ということなのですが、それには音色を意識するだけはなく、他にも正確なリズム、パワー、明確さ、そして指揮者の希望、つまり手の動きを、正確に再現しなければなりません。ピアニストの自由な解釈やファンタジーの場はありません。言い換えれば、より広範で客観的奏法が必要なのです。

　常に頭に置いておくことは、ピアノ伴奏パートが、複雑なオーケストラスコアから編曲されている、という点。さまざまな版がありますが、そのいずれにおいても、ピアノパートには難儀な音型が満載で、速いテンポでの演奏は大変困難です。

　そこで、伴奏ピアニスト各人が、自分の技量に基づいた楽譜に整えることになります。

　フルオーケストラの代わりである伴奏ピアノは、鮮明、パワフルに響かねばなりませんが、速いテンポで、必死にすべての音を弾こうとするあまり、音楽の流れにブレーキをかけるようなことになってはなりません。もちろん、練習を積むことで複雑なエピソード箇所も譜面通りに弾けるようにはなるでしょう。しかしここで求められているのはピアニストの"腕のみせどころ"ではなく、オーケストラがどのような動きなのかを、合唱団に示すための伴奏なのです。

　ピアノ一台で、すべてのオーケストラパートを演奏することは不可能ですから、何がより重要で、耳に残るかを考えて、音を選び出す必要があります。オクターブ、二声、三度や六度などのパッセージは、オーケストラでは異なる楽器が音を出しているわけです。オーケストラでは、コントラバスとチェロの 10 人以上の低音弦楽器グループが力いっぱい出す音を、ピアニストは左手一つで再現しなければならないのです！

歓喜のテーマの8分音符は、弾くこと自体は難しくないはずです。ピアノパート譜を見ながら、オーケストラの演奏を聞いてみて下さい。そしてここの部分で、どの音がよりはっきり聞こえてくるか、耳を傾けてみて下さい。そしてもう一つ重要なこと…150人の合唱団が加わると、ピアノの細かい8分音符は合唱団のメンバーには聞こえません。ピアニストがどんなに力いっぱいオクターブを弾いても、無理です！　ここで必要なのは、音の粒よりも、ゆるぎないリズムと力とエネルギーです。

「何を」弾いているか、よりも「いかに」弾くかが重要なこともあるのです！

　8分音符が、時に右手、時に左手と行き交うフーガの部分が顕著な例でしょう。ピアノはリズムと明瞭さと音量、そしてリズムをしっかりと守らなければなりません。バス、ハーモニーを縦割りに見て、フーガの主題の始まりをしっかりと示します。書かれている通りに8分音符すべてを弾く必要はありません。だからと言ってまったく無視していいわけでもありません。拍が刻めなくなってしまいます。

　音楽の流れをキープするために、指で拾える範囲の細かい音を弾けばよいのではないでしょうか。

　毎年さまざまな指揮者が、独自の解釈をもって演奏会に臨みます。テンポも指揮者によって大きく異なる場合があります。合唱団とのリハーサルの時に、指揮者のジェスチャーやテンポ、動きの特徴などを頭に止めておきましょう。

　出だしには、3度が入ったオクターブがでてきます。

手が大きいピアニストであれば、このオクターブをつなげて弾くことは容易でしょうが、手が小さい奏者にとっては難儀です。ここでは、何が何でもオクターブで弾くべきでしょうか？私は、必ずしも必要ではないと思います。6度音程だけをはっきりと残しつつ、柔らかく、指揮者が降るタクトに合わせて弾くことが重要だと考えます。だからといって、すべてをそのようにとらえ、音を省き、上の旋律だけをなぞって難局から逃れる、ということにつながってはなりません。ちょっとしたコツを知っておくと、伴奏者に心の余裕が生まれるのです。

　たとえば、とても速いテンポのオクターブ部分。速さは指揮者によって変わります。（下部参照）　小節の4拍目の4分音符で下の音を省けば、弾きやすくなります。このようにすれば、上の音を3の指で弾けますので、次の小節の4度上の音を外さずにすみますね。このような“ごまかし”は他の人には気づかれません。小節の1拍目の音が外れてしまう方が、聞き苦しいですね。

　最後のコーダ。目まぐるしいテンポを落とさず、緊張感とパワーを緩めずに。右手は3度の連続です。考えると気が遠くなりますが、考え込む必要はありません！　繰り返される8分音符の「ソ」、つまり1拍目の4分音符を省き、そのあとで勢いをつけて1声でパッセージを弾くことで、問題は解決されるのではないでしょうか。

12

「第九」合唱の伴奏

「第九」ほどの大作の伴奏となれば、ピアニストはしっかりと練習を積む必要があります。指使いを考え、技術的に困難な箇所を弾き込んで克服し、オーケストラサウンドと合唱スコアを知っておかねばなりません。非現実的と思える難所にこだわり過ぎて、結果、演奏の流れを妨げてしまったり、合唱団のリハーサルを止めてしまうようなことになっては意味がありません。

　一言で伴奏ピアニストと言っても、演奏のスタイルや、技量、手の大きさなどは人それぞれ。ですから、本著でご紹介した「音の省略」も奏者次第です。音の選別と省略は、不可欠な作業だと私は思います！

　ステージ上のオーケストラは、伴奏ピアニストほど柔軟性や繊細さを発揮できるわけではありません。何しろオーケストラは100人の奏者から成るのです！

　合唱団は、オーケストラと共に指揮者の意図に従い、その手の動きに合わせて動きます。合唱団とのリハーサルの最終目的は、指揮者の手の動きに沿い、どのようなテンポでも歌いきる、ということなのです。そして伴奏ピアニストの課題は、指揮者に導かれ演奏するフルオーケストラを思わせる雰囲気作りなのです。

参考文献：

ジェラルド・ムーア　：「歌手と伴奏者」

エヴゲーニー・シェンデローヴィチ　：「伴奏者クラス」

N.A. クリュチコフ　：「学びの伴奏芸術」

A.A. リュブリンスキー　：「伴奏の理論と実践　方法論の基礎」

Y.B. アクバリ　：「伴奏学の歴史」

V. ポドリスカヤ　：「初見力上達法」

著者：Yulia Lev（ユリヤ・レヴ）

- サンクト・ペテルブルグ音楽院卒業。同市の音楽劇場にコーチピアニストとして所属した後、「ペテルブルグコンサート協会」にて、アンサンブルピアニストとして活躍。
- 1991年、ブラジル・リオデジャネイロ国際伴奏ピアニストコンクール第2位入賞。
- 1996年、ショスタコーヴィッチ作曲オペラ「ムツェンスク郡のマクベス夫人」リハーサルで、マエストロ・ロストロポーヴィチのアシストを担う。
- 2001年に来日。
- 2005年、チャイコフスキー作曲オペラ『イオランタ』東京・前橋両公演にて、ボリショイ歌劇場ソリストたちと共演。
- 2007年5月、高崎市民文化会館における「ロシアフェスタ」に出演すると共に、企画・構成にも携わる。
- 2007年11月、武蔵野文化事業団主催「ロシア民謡とオペラ・アリアコンサート」において、エレーナ・オブラスツゥオワと共演。また2003年より毎年、同主催「ロシア人歌手招聘コンサート」において、伴奏ピアニストを務めている。

高崎第九合唱団・合唱団JOYピアニスト。
- 2010年11月から、トリオ・アンファリアのピアニストを務めている。
- 2013年4月から、群馬音楽藝術学院主催「ピアノ伴奏法公開講座」の講師を務めている。
- 2014年9月〜現在——独自のプロデュースで「日本とロシアの音楽の歴史的交流」というコンセプトで高崎市内のホールにて「音楽の架け橋」というイベントを開催している。
- 2018年6月〜現在——太田国際音楽セミナー「ピアノ伴奏法講座」で教えている。

翻訳：小賀　明子（おが あきこ）

上智大学外国語学部ロシア語学科卒業。新聞記者を経て、音楽・芸術分野中心のフリーランス通訳・翻訳者となる。また長年、NHK国際放送の番組制作に携わり、キャスターとしても出演。

報道や紀行番組の通訳、コーディネーターも務めている。ＮＨＫラジオ講座「まいにちロシア語応用編」に出演。主な訳書に、ユーリ・バシュメット著「夢の駅」（アルファベータ社）、ドミトリー・グルホフスキー著「METRO 2033」（小学館）など。

ロシア人プロ伴奏ピアニストが明かす
「伴奏ピアノ術」の極意

2021 年 6 月 29 日　初版第 1 刷発行

著　者　　Yulia Lev（ユリヤ・レヴ）
発行所　　㈱アーバンプロ出版センター

〒 182-0006　東京都調布市菊野台 2-23-3-501
TEL 042-489-8838　　FAX 042-489-8968
http://www.urban-pro.com　振替 00190-2-189820

DTP・装丁　　㈱アーバンプロ
印刷・製本　　中央精版印刷㈱